New York City
VEREINIGTE STAATEN

INHALT

HALLO NEW YORK FAN

New York City ist zweifelsohne keine günstige Stadt. Viele Attraktionen sind teuer und die Lebenshaltungskosten sind hoch. Das ist aber kein Grund, New York nicht zu besuchen. Denn mit ein wenig Planung (und einigen Tricks) werdet ihr garantiert viel Spaß im Big Apple haben, auch ohne viel Geld auszugeben.

Ihr werdet erstaunt sein, wie viele bekannte Spots und Adressen vollkommen gratis sind. Angefangen von der Brooklyn Bridge über den Central Park bis hin zur Staten Island Ferry, mit der ihr der Freiheitsstatue ganz nah kommt, habt ihr die Qual der Wahl. In diesem Reiseführer steht das Thema „Low Budget" an erster Stelle und wir zeigen euch die besten Sehenswürdigkeiten, Museen, Touren und Events, die ihr ganz kostenlos oder für wenig Geld besuchen könnt.

Und das sind wir: Steffen, Sabrina und Tino – drei absolute New York-Begeisterte. Tino und Steffen reisen seit vielen Jahren regelmäßig in ihre Lieblingsstadt und Sabrina wohnt sogar vor Ort. Dort ist sie immer ganz nah am Geschehen und berichtet euch von den Seiten New Yorks, die von den meisten Touristen unentdeckt bleiben. Unser Insider-Wissen teilen wir durch unseren Blog, unsere Social Media-Kanäle, Magazine und Reiseführer gerne mit euch.

Was erwartet euch noch in unserem Low Budget-Reiseführer? Alles, was ihr vor eurer Reise wissen müsst: günstige und gute Übernachtungsmöglichkeiten, wie ihr am besten vom Flughafen nach New York kommt, Alternativen zum teuren Yellow Cab und unser ganz persönlicher Spartipp – die Sightseeing-Pässe von New York. Natürlich kommen die Bereiche Shopping sowie Essen & Trinken auch nicht zu kurz!

Wir wünschen euch eine unvergessliche Zeit in New York City!

Steffen, Sabrina und Tino

Übrigens: Wir haben eine kostenlose New York App, mit der ihr das Wichtigste der Stadt immer bei euch habt. Mehr dazu auf der nächsten Seite.

REISEPLANER APP MyNY

Wir wollen, dass die Reiseplanung für New York ganz leicht wird: Dazu haben wir myNY erstellt, womit ihr schnell und einfach eure Touren und Attraktionen hinzufügen und sortieren könnt. Als Orientierungshilfe zeigen wir euch, mit wie viel Zeit ihr pro Spot rechnen solltet, sodass euer Tagesablauf vor Ort immer noch entspannt ist.

Damit ihr die Spots aus dem Reiseführer ohne großen Zeitaufwand in euren Reiseplan übernehmen könnt, gibt es auf jeder Seite einen Barcode und eine individuelle URL. Je nachdem, was euch lieber ist, könnt ihr diesen Barcode mit eurem Smartphone abscannen oder auf eurem Computer oder Tablet im Browser eingeben. Euch werden dann alle Orte, die auf den entsprechenden Seiten genannt werden, in einer Übersicht angezeigt. Jetzt könnt ihr sie mit einem Klick bzw. Touch zu eurem persönlichen Plan hinzufügen.

Fertig!

Abscannen vom Code oder Eingabe am Computer.

2

3

Es werden alle Spots
dieser Seite angezeigt.

Du entscheidest, welche davon auf
deinen Reiseplan kommen sollen.

 Hier kannst du die App herunterladen:
→ lovingnewyork.de/app

 Hier erklären wir dir alle Funktionen per Video:
→ lovingnewyork.de/myNY

ABC MEHR ÜBER DIESE SPOTS ERFAHREN: LNYC.DE/**01000**

KAPITEL 1

REISE PLAN UNG

FLUG

Welchen Flughafen solltet ihr auswählen?

Das Sparen fängt schon bei den Flügen an! In und um New York gibt es drei große Flughäfen: den **John F. Kennedy International Airport** (JFK), den **LaGuardia Airport** (LGA) und den **Newark Liberty International Airport** (EWR). Die beiden Flughäfen John F. Kennedy und LaGuardia befinden sich im Stadtteil Queens und gehören zu New York City. Der Flughafen in Newark liegt im benachbarten Bundesstaat New Jersey. Von LaGuardia nach Manhattan ist die Distanz zwar am geringsten, allerdings ist der Flughafen auch kleiner als die anderen beiden, weshalb die meisten Flüge am JFK und in Newark landen.

TEFFENS TIPP

Wenn ihr ähnlich günstige Flüge findet, die in Newark oder in Queens landen und ihr in Manhattan übernachtet, wählt die nach Queens! Warum? Queens gehört zur Stadt New York City und somit könnt ihr mit der MetroCard für weniger als $3 pro Person die Subway nutzen. Das ist eine schnelle und vor allem günstige Alternative zum Yellow Cab. Wenn ihr mit dem Taxi von Newark nach Manhattan fahrt, kostet das zwischen $90 und 100 und mit dem Zug $16 pro Person. Um die für euch beste Alternative zu wählen, solltet ihr also nicht nur die reinen Flugpreise miteinander vergleichen, sondern auch die Transferkosten berücksichtigen!

UNTERKUNFT

Sparen bei der Auswahl des Stadtteils

Pauschal lässt sich sagen, dass Unterkünfte umso teurer sind, je näher sie am Times Square liegen. Dies gilt nicht nur für die Übernachtungen, sondern auch für die Unterhaltskosten. In den Touristengegenden ist einfach alles teurer im Vergleich zu außerhalb.

> **BUDGET-TIPP** *Übernachtet etwas weiter außerhalb! Schon in Queens, Harlem oder dem immer mehr in Mode kommenden Nachbarstaat New Jersey (wie z.B. Jersey City, Hoboken oder die gesamte Gegend rund um Union City) könnt ihr richtig Geld sparen. Ihr werdet sehen, dass nicht nur die Übernachtung selbst deutlich günstiger ist, sondern auch umliegende Restaurants, Bars und Supermärkte.*

NEWARK

EWR

JERSEY CITY

STATEN ISLAND

BRONX

MANHATTAN

LGA

QUEENS

NEW YORK CITY

BROOKLYN

JFK

N

0   5KM

— LEGENDE —

Stadtteil-Kategorien

/// günstig

/// durchschnittlich

     teuer

Flughäfen

JFK John F. Kennedy International Airport

LGA LaGuardia Airport

EWR Newark Liberty International Airport

Hostels

Hostels erfreuen sich immer größerer Beliebtheit im Big Apple. Während es vor ein paar Jahren nur wenige, eher dezentral gelegene Hostels gab, habt ihr mittlerweile die Wahl zwischen **über 40 Hostels in ganz New York City** – von Manhattan über Brooklyn und Queens ist alles dabei. Am meisten spart ihr, wenn ihr die Option „Mehrbettzimmer" auswählt, denn dort starten die Preise ab $30 pro Nacht. Wenn ihr ein Privatzimmer oder Doppelzimmer bevorzugt, liegt ihr schon bei knapp $100. Kostenloses WLAN und Schließfächer sind bei den meisten Hostels im Preis inbegriffen.

Die größte Auswahl zur Buchung habt ihr unter → *hostelbookers.com*.

SABRINAS TIPP

Lest euch unbedingt die Bewertungen der Gäste durch! So erhaltet ihr ein realistisches Bild vom Zustand und der Ausstattung der Zimmer. Zusätzlich schauen wir uns oft mit Google Street View die Gegend rund um das Hostel an, um auch einen Eindruck der Umgebung zu bekommen.

Günstige Hotels

Eine Vielzahl der Hotels in New York sind eher teuer. Es gibt jedoch auch einige günstige Hotels, die wirklich gut sind. Die größten Einflussfaktoren auf den Preis haben die Reisezeit, der Zeitpunkt der Buchung sowie die Lage.

Zu den beliebtesten Low Budget-Hotels gehört das `Z Hotel` in Queens, das nur einen Subway-Stop von Manhattan entfernt ist und einen tollen Blick über den East River auf die Skyline bietet. In den Schwesterhotels in Manhattan, `Hotel 17` und `Hotel 31`, könnt ihr ebenso günstig übernachten.

Die Option des Gemeinschaftsbades könnt ihr getrost wählen (müsst ihr aber nicht). Wir haben es selbst schon ausprobiert und dabei positive Erfahrungen gemacht.

Weitere, sehr oft nachgefragte Hotels sind das `YOTEL Times Square`, das `POD 39` sowie das `POD 51`. Diese Hotels zeigen, dass gutes Design und faire Preise sich nicht gegenseitig ausschließen.

Außerdem kann Lower Manhattan eine preisgünstigere Alternative sein. Für Hotels wie das **Aloft Downtown** oder auch das **Andaz Wall Street** findet ihr oftmals sehr erschwingliche Angebote im Vergleich zu den überteuerten Hotels in Midtown.

Ein wahrer Budget-Tipp sind **Hotels in New Jersey**. Viele New Yorker arbeiten zwar im Big Apple, wohnen aufgrund der hohen Mietpreise jedoch nicht in Manhattan, sondern in den umliegenden Stadtteilen bzw. im angrenzenden Bundesstaat New Jersey. Von hier aus dauert es nur wenige Minuten bis ins pulsierende New York.

In Jersey City findet ihr gleich drei empfehlenswerte Hotels. Das **Hyatt House** liegt direkt am Exchange Place, welcher nur drei Fahrminuten mit der PATH von Lower Manhattan entfernt liegt. Der Ausblick von dort ist unbezahlbar. In unmittelbarer Nähe befindet sich das **Hyatt Hotel Jersey City**. An der PATH-Haltestelle *Grove St*, von wo aus ihr nach Midtown Manhattan und nach Lower Manhattan fahren könnt, liegt das **Residence Inn by Marriott**.

Übrigens: Das Thema hat uns sogar so sehr beschäftigt, dass wir selbst aktiv geworden sind und seit neuestem eigene Reisebuchungen anbieten können. Unter → *lovals.com* findet ihr unsere aktuellsten Angebote der Low Budget-Hotels, die wir allesamt selbst besucht und fotografiert haben.

Bucht immer ohne Frühstücksoption! Meistens ist das Hotel-Frühstück eh nicht sonderlich lecker und entspricht auch nicht dem deutschen Standard, was dann oftmals für Enttäuschungen sorgt. Spart euch den Aufpreis und sucht lieber ein typisch amerikanisches Diner zum Frühstück auf. Dazu mehr ab → *Seite 110.*

Airbnb als Budget-Alternative

Ihr wollt New York aus der Perspektive eines Locals erleben? Dann sind Privatunterkünfte über Airbnb eine Option für euch. Es gibt über 10.000 Angebote in New York City, sodass ihr garantiert ein Objekt in eurer gewünschten Wohngegend findet. Wie bei den Hostels und Hotels gilt auch hier sehr oft die Regel: Je zentraler, desto teurer. Schaut euch deshalb auch die Wohnungen in **Queens** (z.B. Astoria oder Long Island City) oder in **Brooklyn** an. Alle sind sehr gut an die Subway angebunden, sodass ihr den Times Square von vielen Stadtteilen in weniger als in 15 Minuten erreicht.

Manche fragen sich nun vielleicht, warum Airbnb eigentlich so günstig im Vergleich zu Hotels ist. Dafür gibt es zwei Hauptgründe. Erstens werden die Zimmer und Wohnungen von Privatpersonen angeboten. Es gibt also z.B. keine Rezeptionisten, Putzkräfte etc., die in eure Gebühr eingerechnet werden. Ein weiterer Grund ist die Ausstattung der Airbnb-Unterkünfte. In der Regel verfügen sie über eine Küche, die ihr mitbenutzen könnt. Ihr könnt euch also Lebensmittel im Supermarkt kaufen und ab und zu wie ein Local zu Hause kochen. Das heißt: Keine überteuerten Gerichte, keine Steuer und kein Trinkgeld. Mehr zum Thema Supermärkte findet ihr auf → *Seite 134.*

> **BUDGET-TIPP** *Auch hier empfehlen wir wieder den Nachbarstaat New Jersey. Das Airbnb-Angebot ist unfassbar groß und preislich noch einmal deutlich unter dem Manhattan-Standard.*

Bei Airbnb könnt ihr jetzt sogar extra sparen! Meldet euch über den Link → *airbnb.de/c/skneist* an und bekommt bis zu $30 auf eure erste Buchung geschenkt!

FLUGHAFENTRANSFER

John F. Kennedy International Airport

Vom beliebten Flughafen John F. Kennedy Airport (JFK) ist die günstigste Alternative die Kombination aus **AirTrain** mit anschließender Fahrt per **Subway**. Der AirTrain verbindet die verschiedenen Terminals des Flughafens miteinander und bringt euch zu den nächstgelegenen Subway-Stations und der *LIRR-Station* (Long Island Rail Road für Zugverbindungen). Ihr habt dabei zwei Subway-Stationen zur Auswahl: *Jamaica Station* (Weiterfahrt mit dem E Train) und *Howard Beach* (Weiterfahrt mit dem A Train).

Die *Jamaica Station* ist optimal, wenn euer Ziel in **Midtown** und dem **nördlichen Teil Manhattans**, in **Queens** oder der **Bronx** liegt. *Howard Beach* ist die beste Station für euch, wenn ihr in den **südlichen Teil von Manhattan** (Financial District, Tribeca, East Village, Greenwich Village, Chinatown, Little Italy oder SoHo) oder nach **Brooklyn** wollt. Von beiden Stationen aus dauert die Fahrt knapp eine Stunde. Das Ticket für den AirTrain kostet $5 und kann direkt vor Ort am Automaten gekauft werden. Die **MetroCard** ist an jeder Subway-Station erhältlich. Eine Einzelfahrt kostet $3. Insgesamt könnt ihr eure Unterkunft in New York für weniger als $10 pro Person erreichen!

$!

LaGuardia Airport

Wenn ihr vom Flughafen LaGuardia (LGA) nach **Manhattan**, die **Bronx** oder nach **Brooklyn** wollt, wählt den **Bus M60**, der am *Terminal C* startet. Für nur $2,50 könnt ihr die sechs Stationen bis zur Haltestelle *E 125 St/Lexington Av* in Manhattan fahren. Dort seid ihr perfekt an die Subway angebunden, da die grünen Subway-Linien 4, 5 und 6 nur wenige Schritte von der Bushaltestelle entfernt sind.

Hier benötigt ihr dann wieder die MetroCard. Steuert ihr den Stadtteil **Long Island City in Queens** an, ist der **Bus Q70** die beste Option. Ihr steigt am *Terminal B* ein und müsst nur drei Stationen fahren, um an der Station *Roosevelt Av/74 St* anzukommen. Wiederum nur eine Minute entfernt findet ihr die Subway-Station *Roosevelt Av-Jackson Heights*, von wo aus die orangene Linie F bis zur *21 St-Queensbridge* fährt.

Newark Liberty International Airport

Der Flughafen Newark (EWR) liegt im Bundesstaat New Jersey und ist indirekt durch eine Busverbindung mit dem PATH-Train nach New York verbunden. Das Ziel der Linie ist das World Trade Center, von wo aus ihr auf diverse Subway-Linien umsteigen und so eure Unterkunft schnell erreichen könnt.

$!

Es ist die mit Abstand günstigste Variante, um von Newark nach New York zu kommen und kostet nur ca. $11. Zuerst nehmt ihr den **AirTrain**, der zwischen den Terminals und dem Bahnhof *Newark Liberty Airport Station* pendelt. Hier wechselt ihr in den **NJ TRANSIT** (Zug) und steigt an der *Newark Penn Station* aus, wenn euer Ziel im **südlichen Teil von Manhattan** oder **Brooklyn** liegt. Von der *Newark Penn Station* fährt euch der **PATH-Train** bis zur Station *World Trade Center* in Manhattan.

Von hier aus sind diverse Linien der New Yorker Subway fußläufig zu erreichen, die euch dann bis zu eurem Ziel bringen. Das Ticket für den Transfer inkl. NJ TRANSIT bekommt ihr direkt vor Ort – es enthält dann automatisch die Kosten vom AirTrain. Insgesamt braucht ihr für den Transfer inkl. der Wartezeiten ca. 90 Minuten bis zum World Trade Center.

> *BUDGET-TIPP* Bestellt euch am Flughafen einen UBER zur „Newark Penn Station". Auf die Personenzahl heruntergebrochen ist dies günstiger und ihr spart euch zusätzlich eine Menge Zeit.

Solltet ihr sowieso in New Jersey übernachten ist das UBER-Taxi die beste Alternative, egal wohin es für euch gehen soll.

> *Liegt euer Ziel in Midtown, Uptown, der Bronx oder Queens, könnt ihr mit dem NJ TRANSIT auch bis zur Endstation „New York Penn Station" fahren. Diese befindet sich im Herzen Manhattans unweit vom Empire State Building – das Ticket dafür kostet $13. Dort habt ihr mehrere Subway-Linien zur Auswahl, die euch in Manhattan, der Bronx und Queens an euer Ziel bringen.*

TINOS TIPP

Eine weitere Option ist der **Newark Airport Express Bus**, der alle 30 Minuten für $18 pro Person verschiedene zentral in Manhattan liegende Stationen anfährt: das *Port Authority Bus Terminal* (westlich vom Times Square), den *Bryant Park* sowie das *Grand Central Terminal*. Auch hier könnt ihr bei Bedarf das letzte Teilstück mit der Subway zurücklegen (die einfache Fahrt kostet $3).

Zusätzlich zu den bisher beschriebenen Transfers gibt es für **alle Flughäfen** einen **SuperShuttle**. Hier bringt euch ein Sammeltaxi (für 6 bis 8 Personen) für $15 bis 20 pro Person direkt zu eurem Hotel in **Manhattan**. Andere Stadtteile werden derzeit leider nicht angeboten.

Von den Flughäfen John F. Kennedy und LaGuardia nach New Jersey

Die beste Anbindung in den Nachbarstaat New Jersey habt ihr mit der **PATH-Train** vom World Trade Center. Die Haltestelle, die New York mit New Jersey verbindet, befindet sich direkt im Oculus. Die Anbindung von hier ist ideal für Stadtteile wie **Jersey City** und **Hoboken**.

Solltet ihr in Gegenden wie **Union City**, **Weehawken**, **Edgewater** oder **West New York** übernachten, ist das *Port Authority Bus Terminal* euer Ziel in Manhattan, um nach New Jersey zu gelangen. Von hier aus fahren verschiedene **Busse** in regelmäßigen Abständen in die verschiedene Teile New Jerseys.

KAPITEL 2

UNTER WEGS IN NYC

Eines vorab: Ihr werdet überrascht sein, wie viel ihr zu Fuß erlaufen und erkunden werdet, ohne es zu bemerken! Es gibt an jeder Ecke viel zu ent- decken – schließlich hat New York unglaublich viele tolle Attraktionen zu bieten.

Wir sind regelmäßig zehn Kilometer am Tag unterwegs und sparen so sehr viel Geld alleine für die Transportmöglichkeiten in der Stadt. Unsere Lieblingsfortbewegungsmittel – abgesehen von den eigenen Füßen – erfahrt ihr in diesem Kapitel.

FAHRRAD

Es gibt zwei Möglichkeiten, wie ihr passende Fahrräder für eure Touren bekommt. Wenn ihr New York nur für ein paar Stunden erfahren wollt, ist der **klassische Fahrradverleih** die kostengünstigste Variante. Besonders für den Central Park oder den Weg über die Brooklyn Bridge ist das eine sehr schöne und kostengünstige Art, innerhalb kurzer Zeit viel zu sehen. Ihr leiht euch dabei die Fahrräder inkl. Helm und Schloss an einer der vielen **Bike Rental Stations** aus und gebt sie auch dort am Ende wieder ab. Eine Stunde kostet ab $9 pro Fahrrad.

$!

> *Wichtig:* Bucht die Tickets unbedingt vorab! Es reicht sogar wenige Minuten vor eurer Tour. Sie sind dann nämlich bis zu 50% günstiger. Zusätzlich gibt es einen weiteren Insider-Trick, der oft funktioniert: Seid ihr mit eurem Smartphone auf den Buchungsseiten der Anbieter unterwegs, achtet auf Rabattcodes, die eingeblendet werden. Wenn ihr die Seiten mit eurem Laptop oder Computer besucht, tut so, als ob ihr die Seite schließen wollt. Bewegt dazu den Mauszeiger in die rechte obere Ecke eures Monitors. Viele Anbieter haben nämlich eine Funktion in ihre Website eingebaut, die diese Bewegung überwacht und euch dann eine besondere Rabattaktion anbietet!

TINOS TIPP

Gute Anbieter am Central Park sind:

Bike Rental Central Park
→ bikerentalcentralpark.com
⚲ 892 9th Ave

New York Experience
→ newyorkexperience.net
⚲ 912 7th Ave, Ecke 58th St

An der Brooklyn Bridge empfehlen wir euch:

Blazing Saddles
→ blazingsaddles.com
⚲ 93 South St (direkt gegenüber vom Pier 17)

BUDGET-TIPP *Wenn ihr nur eine Stunde unterwegs sein wollt, ist der Fahr-radverleih eine gute Option. Solltet ihr aber länger fahren wollen, dann ist das **Stadtfahrradprogramm Citi Bike** um einiges günstiger – der Preis für ein 24-Stunden-Ticket kostet bei Citi Bike nämlich genauso viel wie ein 2-Stunden-Ticket beim klassischen Verleih!*

Der einzige Nachteil der Citi Bikes und damit gleichzeitig ein wichtiger Budget-Tipp ist, dass das Ticket lediglich **30-minütige Fahrten** abdeckt. Alle weiteren 15 Minuten kosten je $4 extra. Daher solltet ihr euch nach ca. 20 bis 25 Minuten unbedingt eine Citi Bike-Station suchen, um das Fahrrad wieder abzugeben.

Ihr könnt euch sofort das nächste Fahrrad nehmen und dann wieder für 30 Minuten ohne Extrakosten unterwegs sein. Das klingt erst einmal wenig, in der Tat schafft ihr es in der Zeit aber von der Südspitze Manhattans bis hin zum Central Park oder über die Brooklyn Bridge in den Brooklyn Bridge Park und über die Manhattan Bridge wieder zurück (beide Routen sind etwas länger als acht Kilometer). Da es aber auf dem Weg diverse Citi Bike-Stationen gibt, könnt ihr die Routen ganz entspannt angehen.

Mit dem Citi Bike durch New York zu fahren ist seit mehreren Jahren unsere liebste Art, um **innerhalb der Stadt schnell von A nach B** zu kommen. Es ist das offizielle Stadtfahrradprogramm mit über 750 Stationen und 12.000 Fahrrädern, die ihr in Manhattan, Brooklyn, Queens und Jersey City aus-leihen könnt. Und das zu einem unschlagbaren Preis: Das 24-Stunden-Ticket kostet $12, das 72-Stunden-Ticket $24. Mit der kostenlosen Citi Bike-App könnt ihr schon vorher sehen, welche Stationen voll bzw. leer sind. Mehr zu New Yorks Stadtfahrradprogramm findet ihr unter → citibikenyc.com.

SUBWAY

Gerade für lange Strecken und wenn das Wetter einmal nicht mitspielen sollte, ist die Subway ein gutes und günstiges Fortbewegungsmittel. Ein Single Ride-Ticket für eine einfache Fahrt kostet am Automaten $3. Kauft ihr euch die **MetroCard** für $1, so könnt ihr auf diese Karte Guthaben aufladen. Eine einzelne Fahrt mit der **Pay-Per-Ride MetroCard** kostet dann nur noch jeweils $2,75. Die Pay-Per-Ride MetroCard kann sich also schnell gegenüber den Single Ride-Tickets lohnen. Dazu gibt es bei Aufladebeträgen, die höher als $5,50 sind, einen 5% Bonus. Dieser lohnt sich aber erst wirklich, wenn ihr euch mehr als $55 auf die MetroCard ladet (5% von $55 = $2,75 = eine Fahrt). Noch günstiger werden eure Fahrten mit einer **7-Day Unlimited MetroCard**. Dieses kostet $32 und damit auf sieben Tage gerechnet etwas weniger als $5 pro Tag. Die Wochenkarte lohnt sich ab ca. zwölf Fahrten, auch wenn ihr weniger als sieben Tage in New York seid. Das ist besonders interessant, wenn ihr eure Unterkunft in den angrenzenden Stadtteilen von Manhattan habt und von dort nach Manhattan pendelt.

STEFFENS TIPP

Oft wird gefragt, ob man die MetroCard vorab kaufen kann bzw. soll? Wir sagen: Nein, auf keinen Fall! Es gibt einige Websites, bei denen ihr die MetroCard schon vor eurer Reise kaufen könnt – davon raten wir jedoch ab. Es ist schlichtweg überteuert und nicht notwendig, da ihr sie euch ganz unkompliziert an jeder Subway-Station am Automaten kaufen könnt. Dabei werden die Kreditkarte bzw. Dollar in Cash als Zahlungsmittel akzeptiert.

UBER

Die Alternative zum teuren Yellow Cab

Die gelben Taxen gehören zum Stadtbild von New York und sind allgegenwärtig – über 13.000 Yellow Cabs sind in der Stadt unterwegs. Doch sie sind nicht unbedingt am günstigsten, wenn ihr eine Alternative zum Fahrrad oder der Subway sucht. Eine unserer Meinung nach bessere Alternative und auch unsere erste Wahl, wenn wir in New York ein Taxi brauchen, ist UBER. UBER ist ein Personenbeförderungsunternehmen, bei dem **Privatpersonen als Taxifahrer** unterwegs sind. Der Bestellprozess ist denkbar einfach: Ihr bestellt euch ein Taxi per UBER-App direkt zu euch, gebt in der App auch das Ziel eurer Fahrt ein und seht direkt, was sie kostet. Im Vergleich zu Yellow Cab ist UBER 10% günstiger und die Autos sind in der Regel sowohl sauber als auch gepflegt.

> *BUDGET-TIPP* Klickt während der Bestellung des UBERS auf **UBER Pool** und teilt euch die Fahrt mit anderen Gästen, die dieselbe Richtung wie ihr anfahren wollen. Hier könnt ihr teilweise bis zu 50% sparen und lernt gleichzeitig sogar noch ein paar Locals kennen.

Zusätzlich bekommt ihr mit unserem **Rabattcode** „ubersabrinawieserue" bis zu $20 auf eure ersten Fahrten geschenkt. Hier kommt ihr direkt zu der UBER-Anmeldung → uber.com/invite/ubersabrinawieserue und hier könnt ihr schon einmal schauen, wie viel eine Fahrt ungefähr kosten würde → uber.com/de/fare-estimate.

BUS

Wenn ihr etwas außerhalb des Subway-Netzes wohnt, spielt der Bus eine wichtige Rolle. Er gehört zur gleichen Gesellschaft wie die Subway (MTA), daher können die **Fahrten ebenfalls mit der MetroCard bezahlt** werden, solange ihr kein Unlimited Ticket gekauft habt. Nur für den Fall, dass ihr die Express-Busse nutzen wollt, lohnt sich in den meisten Fällen ein Einzelticket. Das Express-Busticket kostet $6,50 und kann direkt im Bus gekauft werden. Wenn ihr mehr als zehn Fahrten mit dem Express-Bus pro Woche einplant, dann ist die Wochenkarte „Express Bus Plus 7-Day" für $59,50 noch günstiger. Solltet ihr keine Express-Busse brauchen, dann reicht die normale MetroCard vollkommen aus.

TINOS TIPP

*Eine Sonderform der Busse sind die **Hop-on Hop-off Busse**, die in festen Routen durch Manhattan, Brooklyn und die Bronx fahren. Sie sind allerdings keine klassischen Fortbewegungsmittel wie die Subway oder Linienbusse. Wenn ihr jedoch im Besitz eines **Sightseeing-Passes** seid, könnt ihr viele Routen sogar kostenlos nutzen. Jeder der Loops hält an den wichtigsten Attraktionen entlang seiner Route. An jeder dieser Haltestellen könnt ihr ein- und aussteigen, die Gegend erkunden und dann in den nächsten Bus wieder einsteigen, um die Route fortzuführen. Je nach Verkehrslage dauert eine Tour ca. zwei Stunden. Dabei gibt es zwei große Anbieter: Big Bus mit den weinroten und Gray Line mit den knallroten Doppeldeckerbussen. Die angebotenen Routen beider Anbieter verändern sich hin und wieder etwas. Daher raten wir euch, die aktuellen Pläne auf der jeweiligen offiziellen Seite anzuschauen.*

MOBILFUNK

SIM-Karte fürs Handy, Smartphone und Tablet

Generell habt ihr drei verschiedene Möglichkeiten, um günstig in New York erreichbar zu sein und WhatsApp, Google Maps, Facebook etc. zu nutzen. Die beliebteste Variante ist eine **Prepaid-Karte**, die ihr anstelle eurer bisherigen Karte ins Smartphone steckt. Aber auch ein Upgrade eurer bisherigen Tarife bei eurem Provider wie Vodafone, O₂, Blue etc. kann eine Option sein.

Achtung: Hier verstecken sich oft Kostenfallen, weil viele Apps auch im Hintergrund Daten senden und empfangen, sodass euer Datenvolumen oft schnell aufgebraucht ist.

Welche SIM-Karte solltet ihr also nehmen? Wir selbst haben sehr gute Erfahrungen mit AT&T-Karten gemacht, die ihr entweder direkt in New York oder vorab online bestellt, z.B. bei → *tourisim.de*. Wenn ihr euer Smartphone auch als Hotspot nutzen wollt, um mit einem weiteren Gerät wie z.B. mit eurem Notebook oder Tablet den gleichen Tarif zu nutzen, dann achtet darauf, dass die Option „Tethering" mit der SIM-Karte möglich ist.

Die dritte Option ist eine echte Low Budget-Variante, die aber so gut wie keine Nachteile zu den anderen beiden Alternativen hat. Denn in New York braucht ihr nicht zwangsläufig einen Datentarif. Es gibt fast überall kostenloses WLAN, besonders bei den Gastro-Spots (Cafés, Restaurants oder Bars). Die Zugangsdaten erfahrt ihr am besten vom Service-Team oder dem Barkeeper. Auch in den öffentlichen Parks und der Subway, in vielen Museen und Hotel-Lobbys könnt ihr for free surfen.

Außerdem: Wer braucht schon ständig Internet, wenn er in New York ist? Finger weg vom Handy und genießen ist angesagt! Wir persönlich finden die öffentlichen Wifi-Spots hier und da völlig ausreichend.

KAPITEL 3

SIG

SEE

TOP 10
LISTEN

ATTRAKTIONEN

TOP 10 ATTRAKTIONEN

Gerade weil New York für seine vielen tollen Sehenswürdigkeiten weltbekannt ist, war es alles andere als einfach, eine Bestenliste zu erstellen – trotzdem haben wir es geschafft! Hier sind sie also, unsere zehn besten Attraktionen, die zum allergrößten Teil sogar kostenlos sind.

01

Brooklyn Bridge

Zu den bekanntesten und beliebtesten Sehenswürdigkeiten in New York zählt die Brooklyn Bridge, die Manhattan und Brooklyn miteinander verbindet. Ihr könnt die ca. zwei Kilometer lange Brücke ganz kostenlos überqueren. Wenn ihr nach Brooklyn geht, dann nehmt euch auch Zeit für den Brooklyn Bridge Park (→ Seite 43), am besten mit einem Kaffee von der Brooklyn Roasting Company ⌂ 2 Main St oder mit einem leckeren Eis aus der Brooklyn Ice Cream Factory ⌂ 1 Water St in der Hand. Von dort habt ihr einen fantastischen Ausblick auf die Brücke über dem East River mit der Skyline Manhattans im Hintergrund. Genau so toll ist der Ausblick, wenn ihr die Brücke in Richtung Manhattan überquert. Dabei ist es ganz egal, wann ihr die Brooklyn Bridge besucht. Jeder Zeitraum bietet etwas ganz Besonderes. Beliebt ist sie vor allem bei Sonnenuntergang. Am leersten ist sie allerdings früh morgens.

⌂ Brooklyn Bridge · Brooklyn Heights & DUMBO/Brooklyn
④⑤⑥ Brooklyn Bridge City Hall

02

Central Park

Hier verbringen wir gern viel Zeit, entweder auf der Sheep Meadow am Belvedere Castle oder an den Sportplätzen, um den New Yorker Familien beim Softball oder beim Skaten zuzusehen. Sabrina kommt hier besonders gerne zum Laufen hin. Die zehn Kilometer lange Strecke durch den Park hat es aufgrund der Berge in sich. Besonders beeindruckend finden wir immer wieder die Central Park Dance Skaters, die ihr am Skater's Circle seht. Im Sommer finden hier wunderbare Konzerte und Aufführungen statt (→ ab Seite 86), im Winter sind die Eisbahnen Ziel der Besucher. Bei beiden Aktivitäten waren wir schon mehrfach dabei – sie zählen wirklich zu den schönsten Sachen, die wir hier erlebt haben.

INSIDER-TIPP *Erkundet den Central Park ganz individuell (und günstig) mit dem Fahrrad. Entweder leiht ihr euch an einer der vielen Fahrradverleihe eins aus oder ihr nutzt das Stadtfahrradprogramm Citi Bike. Mehr dazu ab → Seite 22.*

 Central Pk

 Ⓐ Ⓒ Ⓑ *86 St*

03

Empire State Building

Das Empire State Building ist der wohl bekannteste Wolkenkratzer New Yorks. Die Aussichtsplattform befindet sich in 320 Meter Höhe und bei schönem Wetter könnt ihr bis zu 80 Kilometer weit schauen und einen grandiosen 360 Grad-Rundumblick genießen. Was das Gebäude noch so besonders macht, ist seine Spitze – diese erstrahlt jeden Tag in anderen Farben.

BUDGET-TIPP *Die Tickets zählen zu den teuersten aller Attraktionen. Dafür eignen sich Sightseeing-Pässe wunderbar, um bei den kostenpflichtigen Attraktionen wie dem Empire State Building, dem Top of the Rock, dem One World Observatory u.v.a.m. im Vergleich zum Kauf der Einzeltickets bis zu 70% zu sparen. Wie ihr euren perfekten Pass findet und wie sie funktionieren seht ihr ab → Seite 100.*

⚲ 20 W 34th St, zw. 5th & 6th Ave · Midtown

Ⓓ Ⓕ Ⓜ Ⓝ Ⓠ Ⓡ Ⓦ 34 St-Herald Sq

04

Top of the Rock

Die Aussichtsplattform auf dem Rockefeller Center ist unsere persönliche Lieblingsaussichtsplattform: Von hier aus seht ihr nicht nur den Central Park und die Skyline Manhattans, ihr habt auch mit dem Empire State Building ein wunderbares Fotomotiv. Dazu kommt noch, dass das Top of the Rock kürzere Wartezeiten als das Empire State Building hat.

INSIDER-TIPP   Kommt ca. zwei Stunden vor Sonnenuntergang zur Aussichtsplattform. Dann seht ihr New York im Hellen sowie im Wandel zur Nacht, wenn die Stadt zu leuchten beginnt. Wenn ihr Wartezeit bis zum Einlass habt, ist das gar nicht schlimm. Geht entweder in unser geliebtes **Bill's Bar & Burger** ⌖ *16 W 51st St oder in die Rooftop Bar* **Salon de Ning at The Peninsula** ⌖ *700 5th Ave, die direkt am Top of the Rock sind. Die 5th Avenue ist übrigens auch nur 50 Meter entfernt!*

⌖ *30 Rockefeller Plaza · Midtown*
🄴 Ⓜ *5 Av/53 St*

05

9/11 Memorial mit dem **One World Trade Center**

Für uns ist das 9/11 Memorial einer der emotionalsten Spots in New York, den ihr ebenfalls kostenlos besuchen könnt. Steffen war selbst am 9/11 in New York. Egal zu welcher Zeit ihr es besucht: Es ist wirklich etwas Besonderes. Richtige Gänsehaut-Stimmung kommt dann auf, wenn ihr zur Dämmerung bzw. im Dunklen die beleuchteten Wasserbecken mit den Wasserfällen seht. Einfach unglaublich und definitiv eines der Highlights der Stadt.

Mit einer Höhe von symbolischen 1.776 Fuß (Jahr der Unabhängigkeit) ist das One World Trade Center das höchste Gebäude der westlichen Hemisphäre. In den Etagen 100 bis 102 befindet sich auch New Yorks höchste Aussichtsplattform, das „One World Observatory". Die Tickets kosten einzeln über $30. Günstiger kann es wiederum über einen passenden Sightseeing-Pass werden. Mehr dazu erfahrt ihr im Kapitel Budget-Tipps ab → *Seite 98*.

Das 9/11 Memorial selbst ist übrigens komplett kostenlos.

⚲ *180 Greenwich St · Lower Manhattan*
🅐 🅔 🅦 *Cortlandt St*

06

Freiheitsstatue

Wer kennt sie nicht, die berühmte Freiheitsstatue? Sie einmal gesehen zu haben, steht bei vielen ganz oben auf der Liste. Mit vielen Sightseeing-Pässen habt ihr Zutritt zu Liberty Island und könnt die Statue so aus unmittelbarer Nähe betrachten. Seid ihr an Tickets für den Sockel oder die Krone interessiert, dann solltet ihr unbedingt im Voraus buchen, da die Tickets sehr begehrt sind. Besonders die Kronen-Tickets sind oft schon Monate zuvor ausverkauft. Für den Besuch auf Liberty Island empfehlen wir euch die erste Fähre am Morgen zu nehmen! Die Fähre erfreut sich nämlich großer Beliebtheit.

BUDGET-TIPP Sollte es euch vielleicht schon reichen, Lady Liberty nur aus der Nähe zu sehen, raten wir euch, mit der kostenlosen Staten Island Ferry *zu fahren. Die Fahrt dauert 25 Minuten und bringt euch vom* Battery Park *nach Staten Island direkt an der eindrucksvollen Statue vorbei.*

🚇 1 Battery Pl (Abfahrt mit der Fähre) · Lower Manhattan
④ ⑤ Bowling Green

07

High Line Park

Steffens Lieblingspark von allen ist der High Line Park, der ebenfalls zu den kostenlosen Sehenswürdigkeiten New Yorks zählt. In teilweise neun Metern Höhe schlängelt er sich wie ein grünes Band von der 34th Street bis ins Meatpacking District, wo er am neuen **Whitney Museum** ⚲ *99 Gansevoort St* endet. Er führt euch an der zur Zeit größten Baustelle Nordamerikas („Hudson Yards") vorbei und hat durch seinen Mix aus Vegetation, neuen Gebäuden und den alten Bahngleisen eine ganz eigene Atmosphäre. Schließlich wurden hier damals die Züge aus New Jersey und den angrenzenden Staaten mit Schlachtvieh bis ins Meatpacking District gefahren, um New York mit Fleisch zu versorgen.

INSIDER-TIPP   Am südlichen Ende der High Line wartet einer der interessantesten Stadtteile auf euch. Das Meatpacking District bietet euch eine riesige Auswahl an Bars, Restaurants und Shopping-Spots. Rechts und links der High Line findet ihr kleine Cafés, Weinbars und Restaurants, die nur auf euch warten!

Eine weitere kostenlose Attraktion ist der **Chelsea Market** ⚲ *75 9th Ave* im Meatpacking District. In der ehemaligen Fabrik der Oreo-Kekse könnt ihr heute prima shoppen oder in einer der vielen kleinen Food-Spots gut und günstig essen gehen.

⚲ *S Gansevoort St/34th St, zw. 10th Ave & Ecke Washington St · Chelsea & Meatpacking District*
Ⓐ Ⓒ Ⓔ Ⓛ *14 St/8 Av*

08

Times Square

Ein komplettes Gegenstück zur Ruhe der High Line ist der weltberühmte Times Square, der mitten im Theatre District liegt. Hier tobt das Leben und jeder, der ein- mal in New York ist, sollte sich das pulsierende Herz Manhattans ansehen. Auf den vielen LED-Wänden flackert die Werbung, viele große Streets und Avenues treffen aufeinander und es ist immer viel los. Den besten Blick auf den Times Square habt ihr von den roten Stufen am nördlichen Ende des Times Squares. Hier könnt ihr richtig tolle Fotos machen! Plant unbedingt einen Stop bei einer der vielen Rooftop Bars und Pubs ein, die es hier gibt!

> *BUDGET-TIPP   Haltet euch von den überteuerten Restaurants und Bars rund um den Times Square fern. Als einer der Touristen-Knotenpunkte in der Stadt ist der Times Square somit auch einer der teuersten Orte um zu essen, zu trinken oder zu shoppen.*

⚑ *Times Sq · Midtown*
❶ ❷ ❸ *Times Sq-42 St*

09

Bryant Park mit der New York Public Library

Unweit des Times Squares findet ihr zwei weitere kostenlose Sehenswürdigkeiten der Stadt: den Bryant Park, der auch freies WLAN anbietet, und die New York Public Library, die direkt am Bryant Park angrenzt.

Im Sommer gibt es kostenlose Sommer Movies (→ Seite 86) und im Winter solltet ihr das Winter Village mit einer der schönsten Eisbahnen der Stadt auf keinen Fall verpassen.

Die New York Public Library ist eine altehrwürdige Bibliothek inmitten von Manhattan. Sie ist ein Ort der Stille: Es ist ein echt tolles Gefühl, wenn ihr aus dem normalen Geräuschpegel – sofern ihr die 5th Avenue als normal anseht – in die New York Public Library geht. Alles ist auf einmal gedämpft und ruhig! Kostenpunkt: $0.

📍 W 42nd St & 6th Ave · Midtown
🅱 🅳 🅵 🅼 42 St-Bryant Pk

10

Governors Island

Sabrinas absoluter Geheimtipp, und daher auch nicht von unserer Bestenliste wegzudenken, ist Governors Island. Die alte Militärinsel im Hafen von New York ist von Mai bis September der Rückzugsort für die Locals. Die Überfahrt mit der Fähre kostet $2 und ist somit auch bei kleinem Reisebudget vertretbar. Auf der Insel angekommen habt ihr einen sagenhaften Ausblick auf die Skyline von New York, ihr könnt Fahrrad fahren, Eis essen, picknicken und das ganze Jahr bei tollen Events und Konzerten dabei sein. Es wird also nie langweilig.

INSIDER-TIPP Von montags bis freitags könnt ihr sogar umsonst eine Stunde lang Fahrrad fahren! Das Angebot von **Blazing Saddles** *⟶ 698 Division Rd gilt zwischen 10 a.m. und 12 p.m.*

📍 *10 South St (Abfahrt mit der Fähre) · Lower Manhattan*
🚇 *South Ferry*

WEITERE KOSTENLOSE ATTRAKTIONEN

Wir haben noch mehr Attraktionen für euch, die eurem Geldbeutel nicht weh tun werden. Viele glauben es nicht, aber New York hat tatsächlich viele Sehenswürdigkeiten, die den Besucher absolut gar nichts kosten.

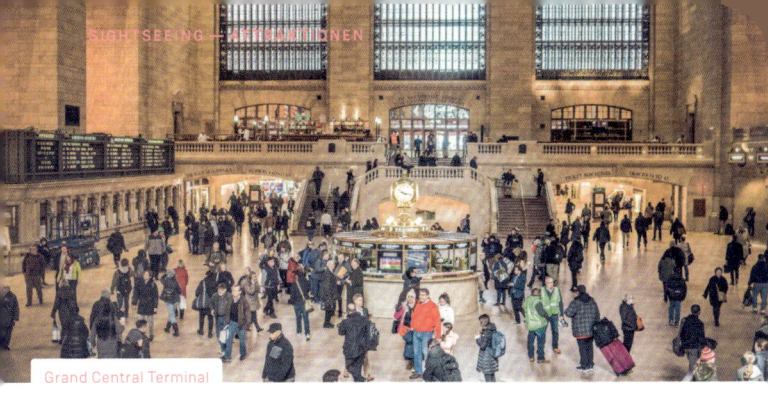

Grand Central Terminal

Brooklyn Bridge Park

Am Fuße der Brooklyn Bridge habt ihr den mit Abstand schönsten Ausblick auf die Brücke. Der Brooklyn Bridge Park ist sowohl bei den Locals als auch bei den Touristen sehr beliebt.

334 Furman St · Brooklyn Heights/Brooklyn

Ⓐ *High St-Brooklyn Bridge*

> *INSIDER-TIPP Kauft euch einen Kaffee von unserem Lieblings Coffee Shop, der Brooklyn Roasting Company, 25 Jay St, und spaziert am Wasser entlang. Für ca. $3 bekommt ihr hier unbezahlbare Ausblicke und die Chance auf unvergessliche Momente.*

Grand Central Terminal

Eine weitere Gratis-Attraktion ist das Grand Central Terminal. Die riesige Halle mit den (fälschlicherweise verkehrt herum) gemalten Deckengemälden gehört zu den schönsten Bahnhöfen überhaupt und ist wirklich beeindruckend. Im Grand Central Food Market könnt ihr dann auch gleich günstig essen gehen.

89 E 42nd St · Midtown

④⑤⑥⑦ *Grand Central-42 St*

Flatiron Building

Einige Blocks südlich des Grand Central Terminals wartet das weltbekannte Bügeleisen-förmige Flatiron Building auf euch. Bekannt wurde es durch das Foto von Marilyn Monroe, wo sie dem Aufwind geschuldet ihren Rock vorm Hochwehen festhält. Das Flatiron Building ist auch ein tolles Fotomotiv, das ihr am besten vom angrenzenden Madison Square Park 11 Madison Ave bestaunen könnt. In der Nähe findet ihr auch das Rooftop Restaurant Birreria 200 5th Ave von EATALY, wo ihr ein lokal gebrautes Bier trinken könnt. Kostenpunkt ca. $8.

175 5th Ave · Flatiron District

ⓃⓇⓇⓌ *E 23 St*

Chrysler Building

Das Chrysler Building ist mit seinen 319 Metern Höhe das sechsthöchste Gebäude New Yorks und für viele der schönste Wolkenkratzer der Stadt. Seine markante Spitze macht das Gebäude so einmalig und unverwechselbar.

🚇 405 Lexington Ave, zw. E 42nd & E 43rd St · Midtown

④⑤⑥⑦ Grand Central-42 St

South Street Seaport

Der neu gestaltete South Street Seaport in Lower Manhattan ist nicht nur ein Shopping-Spot, denn euch erwarten hier auch tolle Bars. Und das alles im Flair von 1850 mit Original-Kopfsteinpflaster etc. – ein echtes Stück New Yorker Geschichte eben! Ein Spaziergang durch die Gegend ist völlig kostenlos und ist gerade bei schönem Wetter die ideale Ausweichmöglichkeit zum trubeligen New York.

🚇 89 South St · Lower Manhattan

②③ Wall St

Wall Street, Charging Bull & St. Paul's Chapel

Was gehört zu Lower Manhattan wie kaum etwas Anderes? Richtig: Die Wall Street! Die bekannteste Börse der Welt zieht immer viele Besucher an, um das altehrwürdige Gebäude zu fotografieren. Ironischerweise ist genau der Ort, der in New York für Geld und Macht steht, für den Besucher völlig kostenfrei.

Ganz in der Nähe davon steht auch die bronzene Statue Charging Bull (der Bulle) und die St. Paul's Chapel – ebenfalls beides kostenlose Attraktionen mitten in Manhattan!

🚇 Wall St · Lower Manhattan

②③ Wall St

5th Avenue & St. Patrick's Cathedral

Die teuerste Einkaufsmeile der Welt – die 5th Avenue – zählt ebenfalls zu den Attraktionen der Stadt, die euch keinen Penny kosten. Es sei denn, ihr geht in einen der vielen Designer-Flagship-Stores. Jeder Designer, der einen Namen hat, ist hier mit einem Laden vertreten: Gucci, Louis Vuitton, Burberry, Tiffany & Co., Massimo Dutti, Polo Ralph Lauren, BOSS und auch das Kaufhaus Saks Fifth Avenue. Besucht unbedingt die St. Patrick's Cathedral auf der 5th Avenue, sie ist eine beeindruckende Kirche im neugotischen Stil – direkt gegenüber vom Rockefeller Center.

🚇 5th Ave · Midtown

Ⓔ Ⓜ 5 Av/53 St

Paley Park

Eher durch Zufall sind wir auf den Paley Park gestoßen, als wir vom Rockefeller Center Richtung East River wollten. Das Highlight? Der sechs Meter hohe Wasserfall, der abends sogar beleuchtet wird. Der Park an sich besteht nur aus wenigen Bäumen und ist nicht groß, aber durch die vielen Stühle und das konstante Wasserrauschen, das die gesamten Großstadtgeräusche angenehm übertönt, ist es ein toller Ort zum Entspannen. Falls ihr eine kleine Stärkung braucht, findet ihr direkt nebenan das nette Paley Park Café.

📍 3 E 53rd St · Midtown

Ⓔ Ⓜ 5 Av/53 St

Roosevelt Island Tramway

Was ihr unbedingt in New York erleben solltet, ist eine Überfahrt mit der Roosevelt Island Tramway.

In bis zu 80 Meter Höhe könnt ihr einen tollen Blick über den East River nach Manhattan genießen. Besonders schön finden wir die nördliche Spitze von Roosevelt Island mit dem Leuchtturm. Die Überfahrt bezahlt ihr mit der Metro-Card. Habt ihr also eine 7-Day Unlimited MetroCard, ist die Fahrt kostenlos. Mehr zu dem Thema Subway könnt ihr auf
→ Seite 24 lesen.

📍 E 59th St & 2nd Ave · Upper East Side

Ⓝ Ⓠ Ⓦ Lexington Av/59 St

Coney Island & Brighton Beach

Auch der Besuch des schönsten Strandes New Yorks kostet euch lediglich eine Subwayfahrt. Brighton Beach auf Coney Island ist ein Naherholungsgebiet für Jung & Alt und kostet keinen Eintritt. Der anliegende Vergnügungspark verspricht eine Menge Spaß, kostet allerdings auch. Somit ist unser Low

Budget-Tipp der Strand von Brighton Beach, den ihr mit einem Spaziergang auf dem Boardwalk auf Coney Island zum Sonnenuntergang abschließen könnt.

📍 1208 Surf Ave · Brooklyn

Ⓓ Ⓕ Ⓝ Ⓠ Stillwell Av

Gantry Plaza State Park

Long Island City ist in den vergangenen Jahren komplett umgewandelt worden. Alte Fabrikhallen sind heute schicke Appartementgebäude und die Waterfront bekam einen ganz neuen Glanz – so auch der wunderschöne Gantry Plaza State Park. Fähren verbinden Manhattan mit dem Park, weshalb auch immer mehr Locals herkommen. Hier könnt ihr es euch auf einer der vielen Wiesen, Bänke oder anderen Sitzgelegenheiten gemütlich machen. Wer mag: Bleibt bis zum Sonnenuntergang! Angrenzende Restaurants und Cafés liegen deutlich unter den gängigen Manhattan-Preisen, somit ist der Park ein Low Budget-Tipp schlechthin.

📍 4-09 47th Rd · Long Island City/Queens

❼ Vernon Blv-Jackson Av

TOP 10 MUSEEN

Als wir dieses Kapitel angefangen haben zu schreiben, waren wir überrascht, wie viele Museen in New York kostenlosen Eintritt bieten. Was wir daran besonders schön finden: Auch die großen Museen wie das 9/11 Memorial Museum, das MoMA und das Guggenheim Museum sind mit dabei!

01

9/11 Memorial Museum

Im 9/11 Memorial Museum sind Filmmaterial und Bilder, Telefonmitschnitte und Erinnerungsstücke der Verstorbenen sowie Reste des World Trade Centers und demolierte Feuerwehrfahrzeuge ausgestellt. Der Besuch ist ein sehr ergreifendes Erlebnis und sollte bei jedem New York-Besuch zum Pflichtprogramm gehören.

Direkt am Ground Zero gelegen zählt es für uns zu den bewegendsten Spots der Stadt. Ihr könnt es jeden Dienstag an den sogenannten Free Admission Tuesdays kostenlos besuchen. Die Tickets werden ab 4 p.m. am Museum verteilt. Nicht vergessen: Wer zuerst kommt, mahlt zuerst! Es gibt nur eine begrenzte Anzahl an Tickets, weshalb es sich lohnt, früh dort zu sein.

Übrigens: Wir empfehlen es nicht, mit kleinen Kindern in das 9/11 Memorial Museum zu gehen. Die Ausstellungsstücke sind oft sehr bewegend und sehr persönlich. Wenn ihr euren Kleinen das Thema näherbringen wollt, empfehlen wir stattdessen die 9/11 Tribute Center Tour ⇨ 92 Greenwich St bzw. den Ground Zero Workshop ⇨ 420 W 14th St.

⚲ 180 Greenwich St · Lower Manhattan
Ⓝ Ⓡ Ⓦ Cortlandt St

02

Guggenheim Museum New York

Das Guggenheim Museum auf der 5th Avenue ist eine architektonische Meister-
leistung: Der bizarre Bau des amerikanischen Meisterarchitekten Frank Lloyd
Wright wird von seinen Kritikern oft als „Tasse aus Beton" bezeichnet. Es ist aber
nicht ohne Grund eines der berühmtesten Gebäude der Stadt und eines der beliebtesten Museen für moderne Kunst. Werke von Wassily Kandinsky, Robert Delaunay,
Fernand Léger, Vincent Van Gogh, Monet und Picasso sind ein Teil der wertvollen
Ausstellung. Das Museum könnt ihr kostenlos besuchen: Jeden Samstag von 5
bis zur Schließung um 7.45 p.m. heißt es Pay What You Wish. Ihr solltet schon
eine halbe Stunde vor Beginn dieser Phase vor Ort sein, denn es gibt immer einen
großen Ansturm.

⚲ *1071 5th Ave, zw. E 88th & E 89th St · Upper East Side*
④⑤⑥ *86 St*

03

MoMA & **MoMA PS1**

Das Museum of Modern Art – kurz MoMA – zeigt euch moderne Kunst der renommiertesten Künstler des 20. Jahrhunderts, darunter Pablo Picasso, Claude Monet und Andy Warhol. Auch das berühmte Gemälde „Sternennacht" von Vincent Van Gogh ist hier ausgestellt. Das Kunstmuseum gehört aufgrund seiner exzellenten Werke zu den beliebtesten Museen der Stadt und zählt ebenfalls zu den Sehenswürdigkeiten, die ihr ganz kostenlos besuchen könnt. Jeden Freitag von 4 bis 8 p.m. gibt es die Free Friday Nights, an denen ihr keinen Eintritt zahlt. Die kostenlosen Tickets erhaltet ihr am Eingang an der 54th Street.

INSIDER-TIPP Wir empfehlen euch dennoch erst gegen 6 p.m. vor Ort zu sein, wenn die erste große Besucherwelle den kostenlosen Eintritt schon in Anspruch genommen hat! So verringert ihr eure Wartezeit und könnt noch mehr von New York sehen!

Im Museum werden kostenlose Audioguides angeboten, die euch detailliert über die vielen beeindruckenden Werke erzählen. Übrigens habt ihr auch im MoMA PS1 in Long Island City in Queens jeden Freitag kostenlosen Eintritt.

🚇 *11 W 53rd St · Midtown*
Ⓔ Ⓜ *5 Av/53 St*

04

American Museum of Natural History

Das American Museum of Natural History befindet sich auf der Upper West Side auf Höhe der 79th Street und gehört zweifellos zu den besten Museen in New York. Es ist so berühmt, dass hier etliche Filme gedreht wurden. Viele von euch können sich wahrscheinlich an den Film „Nachts im Museum" erinnern, in dem Dinosaurier und andere Exponate nachts zum Leben erwachen. Im Gegensatz zu vielen Museen, die nur an manchen Tagen kostenlos sind, gilt Pay What You Wish hier sogar dauerhaft. Ihr könnt also jederzeit hingehen und bezahlen, was ihr möchtet. Uns liegt es besonders beim American Museum of Natural History am Herzen, dass ihr – wenn es euch möglich ist – einen kleinen Beitrag zahlt, denn für Familien mit Kindern ist es DAS Museums-Highlight schlechthin. Die Beiträge sind notwendig, um das Museum weiter zu erhalten.

Eine weitere Möglichkeit, dieses und viele weiteren Museen deutlich vergünstigt zu besuchen, habt ihr mit einem passenden Sightseeing-Pass (mehr zum Thema Sightseeing-Pässe findet ihr in unseren Budget-Tipps ab → Seite 98)!

⚲ Central Pk W & 79th St · Upper West Side

Ⓐ Ⓒ Ⓑ 81 St-Museum of Natural History

05

New Museum of Contemporary Art

Das siebenstöckige Gebäude passt optisch rein gar nicht auf die Lower East Side und ist schon alleine deswegen einen Besuch wert. Es ist eins der wenigen Museen, die ausschließlich zeitgenössische Kunst zeigen. Die Ausstellungen kommen aus der ganzen Welt, u.a. Deutschland, und gehören zu den besten ihrer Art. Jeden Donnerstagabend könnt ihr das New Museum kostenlos besuchen, denn von 7 bis 9 p.m. wird kein Eintritt gefordert. Für Besucher unter 18 Jahren ist der Eintritt generell kostenlos. Dazu gibt es jeden Dienstag, Mittwoch und Freitag um 12.30 p.m. sowie jeden Donnerstag, Samstag und Sonntag um 12.30 p.m. und um 3 p.m. kostenlose Führungen durch das Museum. Seid dafür einfach fünf Minuten vorher in der Lobby.

🏛 *235 Bowery St, zw. Rivington & Stanton St · Lower East Side*
Ⓙ Ⓩ *Bowery*

Museum of Arts and Design

Das Museum of Arts and Design (MAD) am Columbus Circle widmet sich dem zeitgenössischen Kunsthandwerk und Design. Der Museumsshop ist großartig und bietet eine Auswahl verschiedenster Artikel rund um das Thema Design. Legt auf jeden Fall eine kleine Verschnaufpause in dem Café ein, denn es bietet euch einen sagenhaften Blick auf den Central Park. Jeden Donnerstag habt ihr freien Eintritt, denn von 6 bis 9 p.m. ist hier Pay What You Wish angesagt. Da das MAD zu den kleineren Museen zählt, braucht ihr nicht mit viel Wartezeit zu rechnen. Solltet ihr es während der Pay What You Wish-Zeiten in das Museum schaffen, lohnt es sich zu wissen, dass donnerstags um 6.30 p.m. eine kostenlose Tour angeboten wird. Weitere Touren finden jeweils um 11.30 a.m. und 3 p.m. an allen offenen Tagen, inklusive donnerstags, statt.

2 Columbus Circle, zw. 8th Ave & Broadway · Midtown

Ⓐ Ⓒ Ⓑ Ⓓ 59 St-Columbus Circle

07

Metropolitan Museum of Art (The Met)

Im Met wird die Geschichte der Kunst vom Beginn der Menschheit bis heute dargestellt. Ein Besuch ist eine Reise in die Vergangenheit: Mit über zwei Millionen Kunstwerken aus über 5.000 Jahren auf einer Ausstellungsfläche von 16 Hektar brachte es das Metropolitan Museum zur meistbesuchten Attraktion in New York City. Wir empfehlen euch, im Vorfeld einen Plan zu erstellen, welche Abschnitte ihr euch im Museum anschauen wollt. Es ist leider fast unmöglich, alles an einem Tag zu schaffen. Bis vor Kurzem gab es noch ein Pay What You Wish-Angebot. doch mittlerweile gilt dieses nur noch für Einwohner von New York, New Jersey und Connecticut. Für Touristen beträgt der Eintrittspreis normal $25. Kinder bis 12 Jahre haben weiterhin kostenlosen Eintritt. Zum Glück ist The Met aber in vielen Sightseeing-Pässen enthalten!

⚲ 1000 5th Ave · Upper East Side
Ⓐ Ⓑ Ⓒ 86 St

08

The Frick Collection

Auf dem südlichen Ende der Museum Mile gelegen befindet sich das Kunstmuseum The Frick Collection. Die Villa am Central Park war einst das Zuhause von Henry Clay Frick (1849 bis 1919), ein wohlhabender Industrieller und Kunstsammler, der nach seinem Tod seinen repräsentativen Wohnsitz als Museum der Öffentlichkeit zugänglich machte. Zu den von Frick erworbenen 131 Gemälden kamen mit der Zeit 75 weitere Bilder hinzu, die durch die Stiftung angekauft wurden. Des Weiteren werden hier jegliche Skulpturen, Möbel und Textilien ausgestellt. Wenn sich The Frick Collection für euch interessant anhört, ihr aber Geld sparen wollt, dann kommt mittwochs zwischen 2 und 6 p.m. vorbei, denn zu den Zeiten gilt hier Pay What You Wish. Zusätzlich könnt ihr jeden ersten Freitagabend des Monats (ausgenommen Januar und September) von 6 bis 9 p.m. ganz umsonst in das Museum. Während eures Besuches dient euch ein kostenloser Audioguide als interessante Informationsquelle. Ihr bekommt ihn auf Wunsch am Eingang und könnt u.a. auch Deutsch als Sprache auswählen.

⚲ 1 E 70th St, zw. 5th & Madison Ave · Upper East Side

④ ⑥ 68 St-Hunter College

09

Neue Galerie

Die Neue Galerie gilt immer noch als absoluter Geheimtipp. Auch sie befindet sich, so wie viele tolle Museen, entlang der New Yorker Museumsmeile. Übrigens trägt das Museum mit Absicht einen deutschen Namen, denn hier könnt ihr auf den Spuren der deutschen und österreichischen Kunst wandeln. Auf zwei Etagen erwartet euch Kunst des frühen 20. Jahrhunderts mit Werken vieler bekannter Künstler, darunter Gustav Klimt, Egon Schiele und Oskar Kokoschka sowie Werke aus der vornehmlich expressionistischen Epoche von Künstlern wie Paul Klee, Ernst Ludwig Kirchner, Otto Dix und Wassily Kandinsky. Wenn ihr die Neue Galerie kostenlos besuchen wollt, dann solltet ihr jeden ersten Freitag im Monat von 6 bis 9 p.m. vorbeischauen. Da der reguläre Eintrittspreis $20 für Erwachsene beträgt, könnt ihr hier ordentlich sparen. Kinder bis 12 Jahre bezahlen grundsätzlich nichts.

☞ 1048 5th Ave, zw. E 85th & E 86th St · Upper East Side

④⑤⑥ 86 St

10

Ellis Island Immigration Museum

Das Immigration Museum auf Ellis Island erzählt die Geschichte der Millionen Migranten, die um 1900 per Boot in die USA kamen. Ellis Island war für sie sozusagen das Tor zur neuen Welt. An Rekordtagen zählte die Insel bis zu 10.000 Menschen. Genau hier wurde dann entschieden, ob sie ihren American Dream leben durften oder nicht. In dem Museum werdet ihr erfahren, woher sie kamen, was sie in die USA führte, auf welchem Wege sie reisten und wie es ihnen nach ihrer Ankunft erging. Die Tickets für das Museum gibt es als Paket mit der Fahrt zur Freiheitsstatue. Beide Inseln liegen direkt nebeneinander und sind mit der Liberty Ferry zu erreichen. Sie fährt in einem Loop vom Battery Park in Manhattan über Liberty Island nach Ellis Island und wieder zurück nach Manhattan. Übernachtet ihr in New Jersey, könnt ihr auch die Fähre vom Liberty State Park in Jersey City nehmen.

📍 *1 Battery Pl (Abfahrt mit der Fähre) · Lower Manhattan*
🚇 4 5 *Bowling Green*

PAY WHAT YOU WISH

Oft werdet ihr bei den Ticketpreisen sehen, dass dort **Suggested Admission** steht. Frei übersetzt heißt dies „vorschlagender Eintrittspreis". Ihr könnt also tatsächlich zahlen, wie viel ihr möchtet. Dieses Prinzip nennt sich **Pay What You Wish** und wird von den Museen ganz unterschiedlich gehandhabt.

Bei einigen Museen gilt es immer, bei manchen nur während einiger Monate, bei vielen nur an ausgewählten Wochentagen. Doch warum gibt es das „Pay What You Wish-Prinzip" eigentlich? Hintergrund dieser Idee ist, dass jeder – egal welches Einkommen er hat – Zugang zu Wissen, Kunst und Kultur erhält.

Was bedeutet „Pay What You Wish" für euch?

Frei übersetzt bedeutet es „zahle, was du möchtest". Ihr zahlt also nur, was ihr wollt bzw. könnt. So kann ein Museumsbesuch im Grunde kostenlos sein.

Wir finden allerdings, dass es fair ist, das gewünschte Minimum der Museen zu bezahlen. Teilweise handelt es sich dabei um nur $1 oder 2. Schon wenige Dollar helfen dabei, dass die Museen ihre Programme lange aufrechterhalten können.

Wenn es euch möglich ist, diesen Mini-Eintritt zu bezahlen, bitten wir euch herzlichst dieses zu tun. Wenn ihr sogar mehr geben könnt – umso besser! Ihr könntet euch aber auch einen der Sightseeing-Pässe holen, mit denen ihr – einmal bezahlt – ebenfalls viele Sehenswürdigkeiten, Museen und Touren kostenlos besuchen könnt.

Mehr dazu könnt ihr ab → Seite 98 lesen.

Hinweis: Wie immer empfehlen wir euch, vor eurem Besuch nochmals auf den offiziellen Seiten nach den aktuellsten Informationen zu schauen.

WEITERE KOSTENLOSE MUSEEN

Neben den TOP 10 Museen gibt es noch viele weitere kulturelle Highlights. Weil es so viele sind, haben wir die wichtigsten alphabetisch sortiert.

American Folk Art Museum

American Folk Art Museum

Das kostenlose American Folk Art Museum bietet seinen Besuchern über 5.000 Ausstellungsstücke der Volkskunst und des Kunsthandwerks. Zu den bekanntesten Werken gehört die Flag Gate, eine amerikanische Flagge aus Holz und Metall.

📍 *2 Lincoln Sq, Ecke 66th St · Upper West Side*
🔴 ❶ ❷ *66 St-Lincoln Ctr*

Asia Society Museum

Jeden Freitag zwischen 6 und 9 p.m. könnt ihr das Asia Society Museum kostenlos besuchen. Die Ausnahmen sind die Monate Juli und August, dann beträgt der reguläre Eintritt $12. Das Museum zeigt Ausstellungen traditioneller und zeitgenössischer asiatischer und asiatisch-amerikanischer Kunst.

📍 *725 Park Ave · Upper East Side*
🟢 ❹ ❻ *68 St*

Bronx Museum of the Arts

Im Bronx Museum of the Arts erfahrt ihr alles über die amerikanische Kunst des 20. und 21. Jahrhunderts. Hinzu kommt ein sehr guter Einblick in die Kunst- und Design-Szene aus Afrika und Asien. Hier habt ihr jederzeit kostenlosen Eintritt.

📍 *1040 Grand Concourse · Bronx*
🟠 *167 St*

Brooklyn Children's Museum

Es ist das älteste Museum der Welt, das speziell für Kinder bis 10 Jahre konzipiert ist. Gegründet wurde es 1899, heute umfasst es viele interaktive sowie praktische Ausstellungen, die den Forschergeist bei den Kindern wecken. Jeden Samstag von 2 bis 6 p.m. gilt Pay What You Wish.

📍 *145 Brooklyn Ave · Brooklyn*
🔵 Ⓐ Ⓒ *Nostrand Av*

ABC MEHR ÜBER DIESE SPOTS ERFAHREN: 💻 LNYC.DE/**01015**

Brooklyn Historical Society Museum

Hier wird euch die Geschichte von Brooklyn erzählt. Gegründet im Jahr 1863 und erst kürzlich renoviert, verzaubert diese Ausstellung im britischen Baustil täglich seine Besucher. Die gut sortierte Bücherei, interessante Fotografien, sehr alte Landschaftskarten, alte Zeitungen und Auszüge aus Familiengeschichten geben euch einen sehr guten Überblick über vergangene Ereignisse in Brooklyn.

⚲ 128 Pierrepont St · DUMBO/Brooklyn

Ⓝ Ⓡ Court St

Brooklyn Museum

Das Brooklyn Museum ist die Antwort auf das Metropolitan Museum of Art in Manhattan. In dem von McKim und Mead & White 1897 designten Gebäude findet ihr in Brooklyn die siebtgrößte Kunstsammlung der USA mit mehr als zwei Millionen Objekten. Besondere Highlights sind die ägyptische und die präkolumbianische Sammlung. In den sogenannten Period Rooms, die sich im fünften Stock befinden, sind mehr als 20 Wohn- und Esszimmer aus New-England-Häusern von 1675 bis 1830 ausgestellt. Nützliche Info: An jedem ersten Samstag des Monats (ausgenommen September) ist der Eintritt von 5 bis 11 p.m. kostenlos.

⚲ 200 Eastern Pkwy · Prospect Heights/ Brooklyn

Ⓡ Ⓝ Ⓠ Eastern Pkwy-Brooklyn Museum

Federal Hall National Memorial

Jederzeit kostenlos ist der Eintritt in die Federal Hall. Sie befindet sich direkt an der Wall Street und leicht zu erkennen ist sie auch: Direkt davor steht eine große Statue von George Washington. Wir sind auf sie erst aufmerksam geworden, weil man von ihren Stufen eine tolle Perspektive auf die **Wall Street** hat – perfekt für Fotos! Geschichtlich gesehen ist das Federal Hall National Memorial sehr bedeutend, denn genau an dieser Stelle legte George Washington seinen Amtseid als erster Präsident der USA ab.

⚲ 26 Wall St · Lower Manhattan

Ⓙ Ⓩ Broad St

International Center of Photography

Fotografen aufgepasst: Im International Center of Photography sind über 100.000 Fotos von bekannten Fotografen und talentierten Nachwuchs-Fotografen ausgestellt. Architektonisch macht das Museum auch schon viel her und kann von euch donnerstags von 6 bis 9 p.m. kostenlos besucht werden.

⚲ 250 Bowery, zw. Prince St & E Houston St · Lower East Side

Ⓕ Ⓜ 2 Av

Morgan Library and Museum

Hier sind Stücke weltbekannter Personen allererster Güte ausgestellt: Angefangen bei Sammlungen europäischer Meister, wie z.B. Dürer, Picasso, Rubens und Da Vinci bis hin zu Zeichnungen von

Michelangelo sowie original handge-schriebene Musikstücke von Beethoven und Mozart. Jeden *Freitag von 7 bis 9 p.m.* könnt ihr sie *kostenlos* ansehen.

📍 *225 Madison Ave, zw. E 36th & E 37th St · Midtown*

🚇 *33 St*

Museum at Eldridge Street

Ein kleines, aber bedeutendes Museum ist das Museum at Eldridge Street, das sich in der gleichnamigen Synagoge be-findet. Es erzählt die jüdische Geschich te des Stadtviertels und verschafft euch einen guten Überblick über die Hintergründe des Lebens der jüdischen Einwanderer. Unser Low Budget-Tipp: Besucht es an einem *Montag*, da ist der Eintritt *kostenlos*!

📍 *12 Eldridge St, zw. Division & Canal St · Chinatown*

🚇 *E Broadway*

Museum at the Fashion Institute of Technology

Seit 1975 gehört das preisgekrönte und kostenlose Museum at the Fashion Institute of Technology (FIT) zu den

Federal Hall

innovativsten Mode-Museen der Welt. Hier könnt ihr eine der weltweit größten Mode-Ausstellungen aus dem 18. Jahrhundert bis in die heutige Zeit besuchen.

🏛 *227 W 27th St, zw. W 26th & 27th St · Chelsea*

❶ ❷ *28 St*

Museum of Chinese in America (MoCA)

Mitten in Chinatown gelegen zeigt das Museum of Chinese in America die Geschichte und das Leben der Chinesen in Amerika. Ihr könnt die Sammlung von Fotografien, Dokumenten und Textilien jeden ersten Donnerstag im Monat kostenlos bestaunen. Es ist auf jeden Fall sehenswert!

🏛 *215 Centre St, zw. Howard St & Grand St · Chinatown*

❹ ❻ *Canal St*

Museum of Jewish Heritage

Mitten im Battery Park gelegen ist das sternförmig angelegte Museum of Jewish Heritage. Es stellt das jüdische Erbe aus und zeigt neben Alltagsgegenständen des jüdischen Lebens vor allem

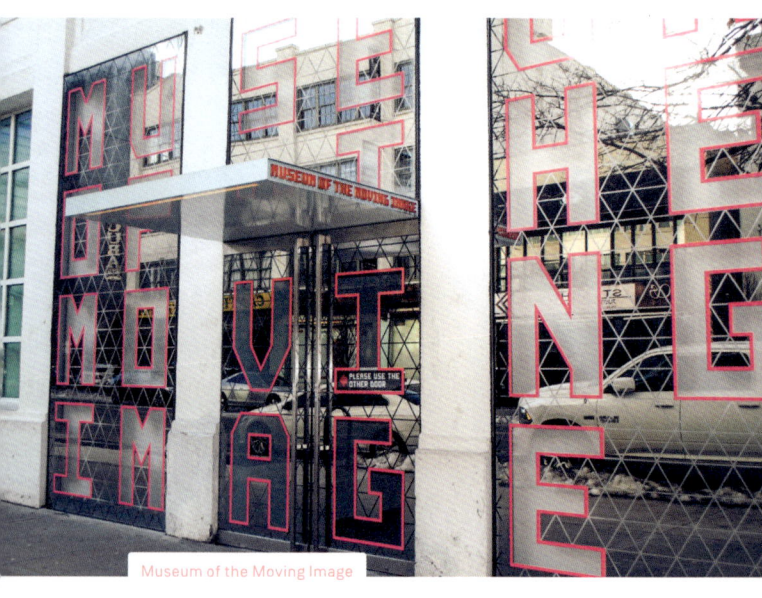

Museum of the Moving Image

aber eine treffende Reflexion über das Leben in den Konzentrationslagern. Jeden Mittwoch und Donnerstag von 4 bis 8 p.m. ist der Eintritt kostenlos.

⚐ 36 Battery Pl/Battery Pk City Esplanade · Lower Manhattan

4 5 Bowling Green

Museum of the Moving Image

Für Filmfans ist das Museum of the Moving Image ein Muss. Es befindet sich im Stadtteil Queens, das schon immer eine sehr große Rolle in der US-Filmindustrie gespielt hat. Die eigentlichen Studios der ehemaligen Paramount East Coast Produktionsstätte sind zwar geschlossen, doch das Museum bietet Führungen zum Thema Filmproduktion, Make-up und Kostüme. Ihr wollt es kostenlos besuchen? Dann müsst ihr freitags von 4 bis 8 p.m. nach Queens fahren!

⚐ 36-01 35th Ave · Astoria/Queens

E M R Steinway St

National Museum of the American Indian

Im ehemaligen U.S. Custom House an der Südspitze Manhattans werden auf zwei Etagen Töpferwaren, Teppiche und Bilder der Indianer gezeigt, die der New Yorker Bankier Georg Gustav Heye aus dem Leben der amerikanischen Indianer sammelte. Der Besuch ist kostenlos.

⚐ 1 Bowling Green, zw. State & Whitehall St · Lower Manhattan

4 5 Bowling Green

New York Hall of Science

Das interaktive Wissenschaftsmuseum spricht vor allem Kinder an. Auf interaktive und spielerische Art und Weise können sie alles rund um Biologie, Chemie und Physik lernen. Mit über 450 interaktiven Exponaten ist es das einzige praxisbezogene Wissenschafts- und Technologiezentrum in New York. Jeden Freitag von 2 bis 5 p.m. und Samstag von 10 bis 11 p.m. ist der Eintritt kostenlos.

⚐ 47-01 111th St · Corona/Queens

7 111 St

New York Historical Society

Schon seit dem Jahr 1804 gibt es das New York Historical Society Museum. Es ist somit das älteste Museum der Stadt. Und freitags von 6 a.m. bis 8 p.m. kostenlos noch dazu. Was euch hier erwartet? Tiefergehende Informationen zur Geschichte und Entwicklung von New York City und des Bundesstaates New York.

⚐ 170 Central Pk W, zw. W 76th & W 77th St · Upper West Side

A C B 72 St

Queens Museum of Art

Eines der bekanntesten Museen in Queens ist das Queens Museum of Art, das für die Weltausstellung 1939 errichtet wurde. Viele der Ausstellungsstücke sind Dokumente, die im Zusammenhang mit der Weltausstellung stehen. Und das Schöne: Der Eintritt ist immer kostenlos!

⚲ New York City Building, Flushing Meadows Corona Pk · Corona/Queens

7 111 St

Rubin Museum of Art

Mitten in Chelsea befindet sich das Rubin Museum of Art. Der Schwerpunkt liegt dabei auf buddhistischer Kunst und es gibt eine Vielzahl an Ausstellungen und Programmen. Normalerweise bezahlt ihr $15 Eintritt, aber jeden Freitag zwischen 6 und 10 p.m. heißt es wieder Pay What You Wish.

⚲ 150 W 17th St, zw. 6th & 7th Ave · Chelsea

1 2 18 St

Socrates Sculpture Park

Dort, wo sich einst eine illegale Müllhalde befand, findet ihr den wunderschönen Sculpture Park. Hier ist der Name Programm. Der Ort ist ein Freilichtmuseum für lokale Künstler und kreative Anwohner und zugleich ein ansehnliches Naherholungsgebiet am East River. Hier werden überdimensionale Skulpturen und Mixed-Media-Installationen produziert und ausgestellt.

Die Aussicht auf Manhattan ist einzigartig und der Park wirklich ein ganz besonderes Stückchen Erde.

⚲ 32-01 Vernon Blvd · Astoria/Queens

E M Court Sq-23 St

Staten Island Museum

Mit Werken von Andy Warhol und Marc Chagall ist Staten Island Museum das älteste Museum auf Staten Island. Es liegt nur zwei Straßenblocks vom Ferry Terminal entfernt und umfasst eine große naturwissenschaftliche, historische Kollektion und eine ausgefallene Kunstsammlung.

⚲ A, 1000 Richmond Terrace · Staten Island

Theodore Roosevelt Birthplace

Die Gegend zwischen dem Madison Square Park und Union Square Park ist bekannt für seine Brownstone Houses. Eines jedoch sticht hier besonders hervor. Auf der 20th Street steht das Geburtshaus eines ehemaligen Präsidenten der Vereinigten Staaten: Theodore Roosevelt. Er wurde im Jahr 1858 in diesem Haus geboren und lebte dort bis zu seinem 14. Lebensjahr. Heute ist es ein Museum, das kostenlose Führungen anbietet.

⚲ 28 E 20th St, zw. Broadway & Park Ave S · Midtown

4 6 23 St

Whitney Museum

Van Cortlandt House Museum

Das Van Cortlandt House Museum in der Bronx ist ein sehr beliebtes Museum und Nationaldenkmal, das einen Einblick hinter die Kulissen des einstigen Hauptquartiers während des Revolutionskrieges bietet. Es wurde 1748 gebaut und ist das älteste Gebäude in New York City. Jeden Mittwoch ist der Eintritt kostenlos, sonst beträgt der Eintrittspreis $5.

⚲ 6036 Broadway Van Cortlandt Pk · Bronx

🚇 Van Cortlandt Pk-242 St

Whitney Museum of American Art

Allein wegen der Außenterrasse vom integrierten „Studio Café", von der ihr über das Meatpacking District, die High Line und den Hudson River schauen könnt, würde sich ein Besuch schon lohnen. Das Whitney Museum erstrahlt seit 2015 in neuem Glanz und stellt eine großartige Sammlung amerikanischer Kunst des 20. und 21. Jahrhunderts aus. Freitags von 7 bis 10 p.m. gilt Pay What You Wish. Die Tickets dafür bekommt ihr am Ticketschalter von 7 bis 9.30 p.m.

⚲ 99 Gansevoort St, zw. 10th Ave & Washington St · Meatpacking District

🚇 A C E L 14 St/8 Av

 MEHR ÜBER DIESE SPOTS ERFAHREN:  LNYC.DE/01018

NOCH MEHR MUSEEN & SPOTS

Diese Spots wollten wir euch nicht vorenthalten. Sie bieten zwar generell keinen kostenlosen Eintritt, sind jedoch in vielen Sightseeing-Pässen enthalten – dadurch könnt ihr sie um einiges günstiger besuchen!

Madame Tussauds

Museen

Madame Tussauds

Nur einen Steinwurf vom Times Square entfernt befindet sich das weltbekannte New Yorker Madame Tussauds. Über 200 Prominente stehen als täuschend echte Wachsfiguren bereit, um euch ein fantastisches Erlebnis und großen Spaß zu bieten.

234 W 42nd St, zw. 7th & 8th Ave · Midtown
❶❷❸ *Times Sq-42 St*

Intrepid Sea, Air & Space Museum

Direkt am Hudson River befindet sich das Museum für Militär- und Seefahrtsgeschichte. Das Highlight ist der 27.000 Tonnen schwere Flugzeugträger „USS Intrepid" sowie das U-Boot „USS Growler". Flugzeuge der US Marine Corps und Raumschiffe der NASA sind ebenfalls Teil der interessanten Ausstellung.

Pier 86/12th Ave & W 46th St · Hell's Kitchen
Ⓐ Ⓒ Ⓔ *42 St-Port Authority Bus Terminal*

Museum of Sex

Das Museum ist für Personen ab 18 Jahren und beschäftigt sich mit der Sexualität sowie mit dem Sexleben von Tieren. 15.000 Ausstellungsstücke und ein angeschlossener Shop machen das Museum of Sex zu einem beliebten Ausflugsziel.

233 5th Ave, zw. 5th & Madison Ave · Midtown
Ⓝ Ⓞ Ⓡ Ⓦ *28 St*

New York Transit Museum

Hier kommen die Bahn-Fans voll auf ihre Kosten: Der Fokus des Museums liegt in der Entwicklung des 100 Jahre alten U-Bahn-Systems der Stadt, inklusive einer originalgetreuen Subway-Plattform mit Vintage Subway-Wagen im Keller. Der Eintritt kostet $10 pro Person. Kinder zahlen $5.

99 Schermerhorn St · Brooklyn Heights/ Brooklyn
Ⓐ Ⓑ *Borough Hall*

[ABC] MEHR ÜBER DIESE SPOTS ERFAHREN: 🖥 LNYC.DE/**01019**

Green-Wood Cemetery

Eine etwas ungewöhnliche, aber dennoch sehenswerte Location ist der Green-Wood Cemetery in Brooklyn. Der Friedhof befindet sich etwa zehn Gehminuten vom Prospect Park entfernt. Auf einer Fläche von 1,9 Quadratkilometern befinden sich ca. 600.000 Gräber, und auf dem Hügel Battle Hill könnt ihr bis nach Manhattan und zur Freiheitsstatue sehen.

🚇 500 25th St · Brooklyn

Ⓓ Ⓝ Ⓡ Ⓦ 25 St

Green-Wood Cemetery

Rooftop Bars

Zum Thema Essen und Trinken kommen wir zwar erst später, aber auch hier lohnt es sich zu erwähnen, dass ihr die Rooftop Bars quasi kostenlos besuchen könnt. Rooftop Bars sind tolle und günstigere Alternativen zu Aussichtsplattformen. Wenn ihr New York also von oben sehen wollt, dann kommt eine Rooftop Bar infrage. Dazu müsst ihr natürlich wissen, von welchen Rooftop Bars ihr die besten Aussichten habt. Wir verraten es euch gerne!

Den besten Blick auf das **Empire State Building** habt ihr von den Rooftop Bars **Refinery Rooftop** ⚕ 63 W 38th St · Midtown, **230 Fifth** ⚕ 230 5th Ave, zw. 20th & 27th St · Flatiron District, **Spyglass** ⚕ 47 W 38th St, zw. 5th & 6th Ave · Midtown, **The Skylark** ⚕ 200 W 39th St, zw. W 47th & W 48th St · Midtown und ganz neu von der **The Heights Rooftop Bar** ⚕ 11 E 31st St · Midtown (die hat sogar einen Glasboden!).

Wenn ihr über den **Times Square** blicken wollt, besucht **Sky Room** ⚕ 330 W 40th St, zw. 8th & 9th Ave · Midtown – die höchste Rooftop Bar New Yorks. Alternativ habt ihr eine wundervolle Sicht von der Rooftop Bar **Bar 54** ⚕ 135 W 45th St · Midtown.

Das **One World Trade Center** und das **9/11 Memorial** könnt ihr in New York am besten von der Rooftop Bar **W Downtown** ⚕ 8 Albany St · Lower Manhattan sehen.

Gleich zwei quasi kostenlose Aussichtsplattformen hat die Rooftop Bar **The Crown** ⚕ 50 Bowery St · Chinatown. Hier könnt ihr euch eine der beiden Outdoor-Terrassen aussuchen und entweder wunderbar auf Brooklyn oder Downtown Manhattan schauen.

Kostenlos in den New York Zoo & Botanical Garden

Auch einige Zoos, Aquarien und die Botanischen Gärten in New York könnt ihr an bestimmten Tagen kostenlos bestaunen. Der **Bronx Zoo** ⊕ *2300 Southern Blvd · Bronx* (ganztägig) und der **Staten Island Zoo** ⊕ *614 Broadway · Staten Island* (ab 2 p.m.) haben einen „Free Wednesday". Das **New York Aquarium** ⊕ *602 Surf Ave · Brooklyn* könnt ihr jeden Mittwoch ab 3 p.m. gratis besuchen. Im Sommer verschiebt sich das Zeitfenster auf 4 bis 5 p.m. Wir haben die Erfahrung gemacht, dass viele New Yorker diese Angebote nutzen, sodass es teilweise echt voll ist.

> **BUDGET-TIPP** *Wenn ihr kostenlos in den Zoo gehen wollt, seid möglichst früh da!*

Die drei botanischen Gärten in der Bronx, Brooklyn und Queens bieten euch an ganz unterschiedlich Tagen die free admission an. Den **New York Botanical Garden** ⊕ *2900 Southern Blvd · Bronx* könnt ihr mittwochs ganztägig und samstags von 9 bis 10 a.m. kostenlos besuchen, beim **Queens Botanical Garden** ⊕ *43-50 Main St · Flushing/Queens* ist in der gesamten Nebensaison von November bis März kein Eintritt zu zahlen. Zusätzlich könnt ihr in der Hauptsaison jeden Mittwoch von 3 bis 6 p.m. und am Sonntag von 9 bis 11 a.m. die Pflanzenwelt bestaunen. Der **Brooklyn Botanic Garden** ⊕ *990 Washington Ave · Brooklyn* ist der bekannteste botanische Garten, allein schon wegen der berühmten Kirschblüte Ende Mai. In der Winterzeit von Dezember bis Februar sind Besuche von Dienstag bis Freitag kostenlos, von März bis November könnt ihr ihn jeden Freitag (bis 12 p.m.) for free besuchen.

New York Botanical Garden

KAPITEL 4

BOOTSTOUREN

Umgeben von gleich zwei Flüssen, dem Hudson River und East River, bietet sich eine Bootstour in New York super an. Vom Boot aus könnt ihr New York noch einmal ganz anders erleben und tolle Aussichten auf die Skyline genießen. Besonders bei schönem Wetter sind Bootstouren ein tolles Erlebnis!

Staten Island Ferry

Kostenlose Bootstouren

Staten Island Ferry

Die bekannteste kostenlose Bootstour ist die Staten Island Ferry, die auf der New York Upper Bay zwischen Manhattan und Staten Island pendelt. Die Stadt New York betreibt die Staten Island Ferry bereits seit 1905. Doch nicht immer war sie nur als Personenfähre im Einsatz und kostenlos. Erst seit 1997 kann sie von Fußgängern und Radfahrern kostenlos genutzt werden. Eine Besonderheit in der Flotte ist die Fähre **Spirit of America**, die in Gedenken an die Opfer des 11. September gebaut wurde. Der Kiel der Fähre ist aus dem Stahl des World Trade Centers gefertigt und seit dem 4. April 2006 im Einsatz. Über 60.000 Fahrgäste nutzen montags bis freitags die Ferry. Am Wochenende sind es weniger. Pro Jahr werden mit 35.000 Fahrten insgesamt 21 Millionen Menschen zwischen den beiden Inseln hin- und hergefahren!

🚢 *Start: Whitehall Terminal · Lower Manhattan*

❶ *South Ferry*

TINOS TIPP

Für mich ist diese Bootstour eine der schönsten überhaupt, weil man einen wunderbaren Blick auf die Südspitze Manhattans, die Freiheitsstatue und Governors Island hat. Ihr wollt die New York Freiheitsstatue kostenlos sehen? Dann ist die Staten Island Fähre die perfekte Wahl!

ABC MEHR ÜBER DIESE SPOTS ERFAHREN: 💻 LNYC.DE/**01022**

New York Water Taxi

Noch mehr Bootstouren

s!

North River Fish Bar

Die North River Fish Bar ist eine Bootstour, die nur $10 pro Person kostet. Sie ist noch immer ein echter Geheimtipp. Bei der Tour könnt ihr an Bord des dreistöckigen Schiffes gehen und New York wunderbar vom Wasser aus erkunden. In den Sommermonaten von Juni bis September legt das Schiff mehrmals täglich ab. Ihr habt dabei die Wahl zwischen zwei Touren. Die erste Tour dauert zwei Stunden, führt euch zur Freiheitsstatue und startet um 6.30 p.m. Die mit 45 Minuten kürzere Tour ist eure zweite Option. Das Schiff legt 9.30 p.m. ab und ihr erlebt New York bei Nacht vom Wasser aus.

⚓ *Start: Pier 81 · Hell's Kitchen*

Ⓐ Ⓒ Ⓔ *42 St-Port Authority Bus Terminal*

New York Wassertaxi

Das New York Wassertaxi bietet Hop-on Hop-off Bootstouren mit Stopps in Midtown, Battery Park, South Street Seaport und DUMBO. Oft werden wir gefragt, ob die Bootsfahrten kostenlos wären – leider nein. Mit einem passenden Sightseeing-Pass bezahlt ihr aber deutlich weniger im Vergleich zum regulären Preis.

⚓ *Start: z.B. Pier 83 · Hell's Kitchen*

Ⓐ Ⓒ Ⓔ *42 St-Port Authority Bus Terminal*

New York Ferry

s!

Die NYC Ferry fährt insgesamt sechs Routen zwischen Manhattan, Queens und Brooklyn. Tickets gibt es für schon für $2,75. Auf den Bootsfahrten könnt ihr beeindruckende Skyline-Bilder schießen. Die längste Verbindung bringt euch sogar bis Rockaway, wo ihr den wunderschönen Strand erkunden könnt! Tipp: Für nur $1 extra könnt ihr die Bike-Option zu eurem Ticket hinzubuchen. Kinder bis 111 Zentimeter fahren in Begleitung eines Erwachsenen übrigens kostenlos. In Manhattan gibt es u.a. die Haltestellen E 34 St und Wall St. Tickets und Fahrpläne findet ihr unter → ferry.nyc.

⚓ *Start: z.B. 34th St · Midtown*

Ⓐ Ⓑ *33 St*

 MEHR ÜBER DIESE SPOTS ERFAHREN: 💻 LNYC.DE/**01023**

TOUREN & FÜHRUNGEN

Immer beliebter werden kostenlose Führungen durch die Stadt, wo euch wahre Locals durch New York und ihre Attraktionen führen.

Die Auswahl an Touren ist so groß, dass bestimmt auch für euch eine passende Tour dabei ist. Vor der Reise solltet ihr die Websites der Touranbieter unbedingt prüfen, da es beispielsweise Planänderungen geben kann, falls das Wetter nicht mitspielt.

Sicht auf die Manhattan Bridge aus DUMBO

Free Tours by Foot

Der größte Anbieter von kostenlosen Walking-Touren ist Free Tours by Foot. Ähnlich wie bei den Museen gilt hier das Pay What you Wish-Prinzip. Ihr habt dabei die Wahl aus Food Tours, Bustouren und Fahrradtouren. Dabei wollen wir fairerweise sagen: Ihr könnt sie prinzipiell kostenlos machen, wenn ihr nichts bezahlt. Die Free Walking-Touren sind also ideal für jedes Budget. Wenn es euch jedoch möglich ist, trotzdem ein paar Dollar zu geben, so helft ihr, dass es diese Touren noch lange gibt. Der Startpunkt richtet sich nach der jeweiligen Tour. Ihr habt die Wahl zwischen verschiedenen Stadtteilen, u.a. Harlem, Lower Manhattan und DUMBO.

→ *freetoursbyfoot.com/new-york-tours*

Big Apple Greeter

Ein weiterer Anbieter von kostenlosen Walking-Touren sind die Big Apple Greeter. Das Team besteht aus Freiwilligen, die euch die schönsten Spots vieler unterschiedlicher Neighborhoods zeigen. Ihr erlebt dabei New York durch die Augen eines Locals. Das finden wir immer besonders spannend. Auf deren Seite könnt ihr euch online für eine Tour anmelden. Dafür füllt ihr ein Formular mit Angaben zu eurer Person und gewünschten Stadtteilen aus. Optimalerweise solltet ihr das drei bis vier Wochen vor eurer Reise machen. Danach erfahrt ihr, ob es passende Greeter gibt (das klappt in den allermeisten Fällen). Wenn ja, erfahrt ihr vieles über New York aus erster Hand!

→ *bigapplegreeter.org*

[ABC] MEHR ÜBER DIESE SPOTS ERFAHREN: LNYC.DE/01024

Flatiron Building

High Line Tour

Der High Line Park ist einer unserer absoluten Lieblingsorte. Auf den alten Gleisen der Hochbahn führt euch der Weg bis zum Meatpacking District. Dank der Initiative „Friends of the High Line" gibt es den Park überhaupt, denn ursprünglich sollte die Konstruktion abgerissen werden. Dienstags um 5.30 p.m. und samstags um 10 a.m. bieten sie kostenlose Touren an. Los geht's am Eingang an der Gansevoort Street. Seid am besten 15 bis 20 Minuten eher da.

→ thehighline.org/activities/free-public-tours

⚲ Start: 91 Gansevoort St · Meatpacking District

Ⓐ Ⓔ Ⓛ 14 St/8 Av

Flatiron District

Das Flatiron Building zählt zu den meistfotografierten Gebäuden der Stadt. Dabei gibt es in direkter Nachbarschaft noch viel mehr zu entdecken. Dank der Organisation „Flatiron 23rd Street Partnership" werdet ihr jeden Sonntag von einem Guide kostenlos durch das District geführt. Treffpunkt ist die südwestliche Ecke des Madison Square Parks.

→ flatirondistrict.nyc/free-walking-tour

⚲ Start: Madison Sq Pk, Ecke 23rd St & Broadway · Flatiron District

INSIDER-TIPP Genießt nach der Tour einen der besten Burger der Stadt bei „Shake Shack", die auch eine Filiale im Park haben!

New York Public Library

Die New York Public Library ist sowohl von außen als auch von innen sehr beeindruckend. Sie befindet sich direkt am Bryant Park und ist somit nur wenige Schritte von vielen großen Sehenswürdigkeiten wie dem Times Square entfernt. Nach der sogenannten Library of Congress in Washington D.C. ist die New York Public Library mit knapp 53 Millionen Objekten die zweitgrößte Bibliothek der USA und sogar die viertgrößte weltweit. Um bei der Größe nicht überwältigt zu werden, bietet die Bibliothek kostenlose, einstündige Führungen an, die jeweils von Montag bis Samstag um 11 a.m. und 2 p.m. stattfinden. Um dabei zu sein, müsst ihr euch einfach nur an den Empfangsschalter in der Astor Hall der Library begeben und euch anmelden. Die Tour ist aktuell auf 25 Teilnehmer begrenzt – seid also rechtzeitig da.

⌖ *Start: 476 5th Ave · Midtown*
🚇 *5 Av-Bryant Pk*

Central Park Conservancy

Kostenlose Central Park-Führungen werden von der Central Park Conservancy angeboten. Hier erfahrt ihr allerlei Wissenswertes und Interessantes über die Geschichte des Central Parks, seine Highlights und wichtigsten Ecken. Der Treffpunkt richtet sich nach der jeweiligen Tour.

→ *centralparknyc.org/events*
⌖ *Central Pk*

Battery Park City Parks Conservancy

Der Battery Park ist einer unserer Lieblingsparks in New York und auch hier könnt ihr kostenlose Touren machen: Die Battery Park City Parks-Organisation bietet verschiedene Walking-Touren an, die ihr euch hier ansehen könnt.

→ *bpcparks.org*
⌖ *Midtown*

Brooklyn Brewery

Ein Highlight in der Gastro-Szene sind die leckeren, lokal gebrauten Biere der Brooklyn Brewery. Eine kostenlose Führung durch die Brauerei können wir euch nur empfehlen. Die kostenlosen Touren finden samstags und sonntags von 1 bis 6 p.m statt und dauern je ca. 30 Minuten. Unter der Woche kosten die Führungen knapp $17 pro Person.

⌖ *Start: 79 N 11th St · Greenpoint/Brooklyn*
🚇 *Bedford Av*

Grand Central Partnership

Wenn ihr wissen wollt, was das Grand Central Terminal so besonders macht, dann ist die 90-minütige kostenlose Walking-Tour vom Grand Central Partnership etwas, was ihr unbedingt in Betracht ziehen solltet. Von einem Historiker als Guide erfahrt ihr jeden Freitag ab 12.30 p.m. jede Menge spannende Dinge über das wunderschöne Gebäude.

→ *grandcentralpartnership.nyc*
⌖ *Start: 120 Park Ave · Midtown*

KAPITEL 5

KINO

Unsere persönlichen Highlights sind die **Free Movies** in New York, die ihr an verschiedenen öffentlichen Orten findet.

Zu den bekanntesten zählt das Bryant Park Summer Film Festival ⚲ *Bryant Pk · Midtown*. Jeden Montagabend werden dann im Bryant Park auf einer riesigen Leinwand Filme gezeigt. Das ist ein kostenloses Event, was ihr euch auf keinen Fall entgehen lassen solltet, denn inmitten der Wolkenkratzer im Bryant Park auf der Wiese mit vielen Locals zu sitzen und das laue Wetter zu erleben, ist schon etwas sehr Besonderes.

Die Free Movies in New York gibt es auch in anderen Stadtteilen: angefangen vom Brooklyn Bridge Park ⚲ *334 Furman St · Brooklyn Heights/Brooklyn* über den Flugzeugträger U.S.S. Intrepid ⚲ *Pier 86, W 46th St & 12th Ave · Hell's Kitchen*, den Chelsea Piers ⚲ *Chelsea* bis hin zum Central Park ⚲ *W 85th St/Central Pk W · Central Pk.*

THEATER

Shakespeare in the Park
Schon seit über 50 Jahren gibt es diese Veranstaltungen, die Stücke von William Shakespeare unter freiem Himmel zeigen. Joseph Papp hatte sie 1962 ins Leben gerufen. Shakespeare in the Park ist ein kostenloses Event und im Sommer sehr beliebt. In der Vergangenheit haben Größen wie Meryl Streep, Al Pacino, Philip Seymour Hoffman, George C. Scott und Denzel Washington daran teilgenommen.
⚲ *81 Central Pk W (Delacorte Theater) · Upper West Side*
Ⓐ Ⓔ Ⓑ *81 St-Museum of Natural History*

Bryant Park Summer Film Festival

Central Park

KONZERTE

SummerStage Festival

Das SummerStage Festival zählt zu den besten Sommer-Events in New York. Die Konzertserie umfasst mittlerweile alle fünf Boroughs und das Line-up ist riesig. Die Bandbreite reicht von Oper bis hin zu Hip Hop. Es ist also bestimmt auch für euch etwas dabei. Insgesamt finden jeden Sommer mehr als 100 Konzerte statt. Obwohl der Großteil der Konzerte kostenlos ist, gibt es auch einige wenige, die Tickets erfordern. Auf der Seite → cityparksfoundation.org/summerstage könnt ihr aber speziell nach kostenlosen Events filtern.

📍 E 72nd & 5th Ave · Upper East Side

🚇 4 6 68 St

New York Philharmonic

Hier ist Gänsehaut-Alarm garantiert: Wir haben die kostenlosen Konzerte der New Yorker Philharmoniker schon mehrfach besucht. Die Konzerte finden in verschiedenen Parks statt, z.B. im Central Park in Manhattan oder im Prospect Park in Brooklyn. Mit Tausenden von New Yorkern trefft ihr euch auf den großen Wiesen und die Stimmung gleicht eher einem riesigen Familien-Picknick.

Viele haben Kerzen mit, Decken sind ausgebreitet und wenn es langsam dunkel wird, beginnen die Konzerte. Auf einmal wird alles ruhig, alle hören zu und die Geräusche, die so typisch für New York sind, hört ihr nur noch leicht im Hintergrund. Ein **Must-do** und der **Low Budget-Tipp** schlechthin.

PARADEN

$! Sie sind beliebt, bunt und vor allem eins – kostenlos: Die Paraden in New York! Wenn ihr in New York seid und dabei die Chance habt, eine davon live mitzuerleben, dann solltet ihr die Chance ergreifen. Paraden zählen zum festen Bestandteil der New Yorker Events und sind überaus beliebt! Besonders weil sie so beliebt sind, solltet ihr früh da sein, um einen guten Platz mit unbeschränkter Sicht zu ergattern.

SUPER TIPP

Obwohl der Nationalfeiertag 4th of July immer groß gefeiert wird und es auch in New York ein riesiges Feuerwerk gibt, gibt es erstaunlicherweise keine Parade zum 4. Juli!

Macy's Thanksgiving Parade

Chinesisches Neujahrsfest

Die wichtigste Parade für Chinesen findet traditionell Ende Januar bzw. Anfang Februar statt. Das genaue Datum dabei bestimmt der Mond, weil sich das chinesische Neujahrsfest mit seiner berühmten Drachenparade nach dem Mondkalender richtet. Startpunkt ist Chinatown, meistens geht es kurz nach der Mittagszeit los.

St. Patrick's Day Parade

Zur berühmten St. Patrick's Day Parade, die eine der ältesten Paraden in New York City ist, strömen jährlich rund 700.000 Menschen, die Teil des Spektakels sein wollen. Die Parade findet entweder direkt am 17. März statt oder – wenn es ein Wochentag ist – am folgenden Wochenende. Zielpunkt des Umzugs ist die St. Patrick Kathedrale. Pünktlich um 11 a.m. setzt sich die Parade an der 44th Street/Ecke 5th Avenue in Richtung Norden in Bewegung. Der Zug marschiert entlang des Central Parks, biegt an der 86th Street nach Osten ab und endet schließlich an der 3rd Avenue.

Easter Parade & Bonnet Festival

New York City schmückt sich mit rund 300 bunt bemalten XL-Ostereiern. Überall in der Innenstadt sind die bekannten Ostereier zu sehen, die gleichzeitig ein beliebtes Fotomotiv darstellen. Die alljährliche Osterparade, die Easter Parade & Bonnet Festival, zieht von der 49th bis zur 57th Street auf der 5th Avenue.

Cinco De Mayo

Was der St. Patrick's Day für die Iren ist, ist der Cinco De Mayo für die Mexikaner. El Cinco de Mayo (Spanisch für 5. Mai) ist ein Gedenktag an den Sieg der mexikanischen Armee unter der Führung von General Ignacio Zaragoza während der Schlacht bei Puebla am 5. Mai 1862 gegen die deutlich überlegene französische Expeditionsarmee. In New York heißt das vor allem eins: Tequila, Margaritas und eine Menge Party mit den Locals. Sowohl in den unzähligen mexikanischen Restaurants und Bars in New York wird groß gefeiert als auch während der Cinco De Mayo Parade in Manhattan, die sich von 1 bis 3 p.m. vom Central Park West/106th Street bis hin zur 96th Street zieht.

[ABC] MEHR ÜBER DIESE SPOTS ERFAHREN: LNYC.DE/01028

Memorial Day Parade

Am letzten Montag im Mai feiert man in den USA zu Ehren der im Krieg für das Vaterland Gefallenen den Memorial Day. Paraden finden in allen fünf Stadtbezirken statt, wobei die Little Neck-Douglaston-Parade in Queens nicht nur die größte in New York, sondern sogar landesweit ist. Dabei ist Little Neck der Start und Douglaston das Ziel der Parade. In Manhattan gibt es erstaunlicherweise nur eine kleine Memorial Day Parade. Sie startet an der Dyckman Street und Broadway in Inwood, dem nördlichsten Viertel von Manhattan.

National Puerto Rican Parade

Am 11. Juni ab 11 a.m. findet auf der 5th Avenue von der 44th bis zur 79th Street die National Puerto Rican Parade statt. Seit vielen Jahren zeigen die Puertoricaner dort ihren Nationalstolz. Es wird so leidenschaftlich getanzt und gefeiert, dass ihr auch als Zuschauer nicht still auf den Füßen stehen bleiben könnt!

Coney Island Mermaid Parade

Die Coney Island Mermaid Parade ist eine der verrücktesten Veranstaltungen in New York. Jedes Jahr pilgern Tausende verkleidete Menschen zur Surf Avenue auf Coney Island. Piraten, Tintenfische, Seemänner, Meerjungfrauen, gepaart mit Musik und vielen Festwagen, wirken wie eine Mischung aus Christopher Street Day und Kölner Karneval. Alle feiern den Beginn des Sommers gemeinsam – eine tolle Idee für alle, die den Karneval lieben. Anschließend könnt ihr übrigens auch noch am naheliegenden Brighton Beach entspannen und dort die Sonne genießen.

Gay Pride Week & Christopher Street Parade

Die New Yorker Gay Pride ist eine der ältesten Paraden für Homosexuelle aus aller Welt. Das wunderschöne Greenwich Village lädt seit 1970 alljährlich dazu ein. Besonders die Christopher Street ist bunt geschmückt und ihr findet überall die bekannten Regenbogen-Flaggen. Auch das Weltunternehmen Google schmückt zu dieser Zeit seine Außenfassade und zeigt damit Toleranz. Die Gay Pride Week erinnert an den ersten Aufstand Homosexueller gegen die Polizeiwillkür im Jahre 1969. Die Ende Juni stattfindende Parade ist längst zur Tradition geworden – und mit durchschnittlich 500.000 Besuchern eine der größten Paraden in New York und eine der Top-Veranstaltungen im Juni. Sie führt über die 5th Avenue (Höhe Madison Square Garden) bis zur Greenwich Street. Am Ende der Parade trifft man sich am Pier 54 zu einer ausgelassenen Party. Viele von ihnen bieten kostenlosen Eintritt.

Dominican Day Parade

Eine weitere tolle Parade im Sommer ist die Dominican Day Parade, die an jedem 2. Sonntag im August stattfindet. Schon seit 1982 gibt es diese Parade in New York, die auf der Avenue of the Americas (6th Avenue) Höhe der 38th Street startet und dann bis zur 52th Street Richtung Norden führt.

Annual German-American Steuben Parade

Die Annual German-American Steuben Parade lockt bis zu einer Million Menschen an und gehört somit ebenfalls zu den größten Paraden in New York. Immer Mitte September ist New York fest in der Hand der Deutschen bzw. von New Yorkern mit deutschen Wurzeln. 2017 war unsere Eiskunst-Weltmeisterin Katarina Witt der große Star auf der Parade. Wir sind gespannt, wer die nächsten Jahre dabei sein wird!

Village Halloween Parade

Ihr habt Lust auf eine Halloween-Party, aber möchtet keinen Eintritt zahlen? Dann verkleidet euch und lauft bei der Village Halloween Parade mit. Das ist wirklich typisch amerikanisch: Halloween wird am 31. Oktober groß gefeiert und da darf eine Parade natürlich nicht fehlen! Die Village Halloween Parade startet in SoHo West (Spring Street, Höhe 6th Avenue) pünktlich zur Dunkelheit (7 p.m.) und endet erst gegen 11 p.m. Ihr werdet jede Menge verkleidete Menschen sehen – bis zu 50.000 Teilnehmer werden jedes Jahr erwartet.

Macy's Thanksgiving Day Parade

An jedem 4. Donnerstag im November ist Thanksgiving. Die Thanksgiving Day Parade ist die wohl berühmteste Parade der Welt und blickt auf eine lange Tradition zurück: Es gibt sie schon seit 1924. Jedes Jahr kommen mehr als 3,5 Millionen Zuschauer. Die Route beginnt westlich des Central Parks an der 77th Street und führt am Columbus Circle vorbei, wo ihr einen tollen Blick auf die Parade habt. Wenn die Parade auf die 6th Avenue abbiegt, ist die Sicht von der 59th bis zur 38th Street am besten. Ab der 38th Street ist die Sicht nicht überragend, weil hier die vielen TV-Stationen aufgebaut sind, die die Parade an über 50 Millionen Empfänger übertragen.

Veterans Day Parade

Traditionell findet die Veterans Day Parade am 11. November statt. Der Tag erinnert an die gefallenen Soldaten in den Kriegen und ist ein offizieller Feiertag in den USA. Los geht's am Madison Square Park/5th Avenue und das Ziel ist die 59th Street am Central Park.

GOSPEL

Times Square Church

Einen Gospelchor einmal live zu erleben ist ein Event mit Gänsehautgarantie. Neben den kostenpflichtigen, geführten Touren gibt es jedoch ein echtes Highlight, das ihr kostenlos besuchen könnt. In der Times Square Church findet jeden Sonntag um 10 a.m. ein Gottesdienst mit Gospelchor statt. Seid am besten schon 30 Minuten vor Beginn dort, damit ihr gute Plätze bekommt. Die Atmosphäre und die Kirche selbst sind einfach einzigartig!

Übrigens: Plant insgesamt 2 Stunden ein und bleibt bitte den gesamten Gottesdienst dort. Es wird als unhöflich angesehen, ihn vorher zu verlassen.

⚓ *1657 Broadway, Ecke 52nd St · Midtown*
E **N** **Q** *7 Av*

Brooklyn Tabernacle Choir

Eine weitere Empfehlung ist der berühmte Brooklyn Tabernacle Choir. Bei diesem Gottesdienst im Stadtteil Brooklyn Heights könnt ihr ebenfalls kostenlos dabei sein und euch von der Stimmung mitreißen lassen. Jeden Sonntag um 9 a.m., 11 a.m. und 1 p.m. ist der sogenannte Worship Service. Auch hier solltet ihr eine halbe Stunde eher da sein.

⚓ *17 Smith St · Brooklyn Heights/Brooklyn*
2 **3** **4** **5** *Borough Hall*

Bethel Gospel Assembly

Seit über 100 Jahren schon gibt es in Harlem mit der Bethel Gospel Assembly eine echte Institution. Jeden Sonntag um 10.15 a.m. gibt es einen großen Gospelgottesdienst, der zu den besten der Stadt zählt. Die Kirche sieht aus wie ein Wohnhaus. Ihr findet sie ganz leicht, weil sie sich direkt neben dem höchsten Gebäude der Gegend befindet.

⚓ *2 E 120th St, zw. Madison & 5th Ave · Harlem*
2 **3** **4** **6** *116 St*

AKTIVITÄTEN

Auf → *nycgovparks.org/events* findet ihr einen Kalender mit jeder Menge Events und Aktivitäten, bei denen ihr umsonst teilnehmen könnt. Ihr findet dort z.B. **Yoga-Kurse**, **Kayak-Verleihe** u.v.a.m. in den verschiedensten Parks von New York. Schaut einfach nach, welche Aktivitäten in eurem Reisezeitraum angeboten werden. Die NYC Parks-Programme sind eine tolle Gelegenheit, um Locals kennenzulernen.

TV-Shows in New York

New York ist nicht nur für die unzähligen Filme bekannt, die in der Welt-metropole gedreht wurden. Auch viele ganz bekannte TV-Shows werden hier aufgenommen und später im Fernsehen gezeigt. Zu den bekanntesten Shows zählen **Last Week Tonight with John Oliver**, **The Tonight Show Starring Jimmy Fallon**, **Good Morning America**, **Saturday Night Live**, **Dr Oz**, **Late Night with Seth Meyers** und **The Daily Show** mit Trevor Noah. Und das Beste? Die Tickets sind umsonst, ihr müsst euch dafür aber auf der jeweiligen Website für Tickets anmelden. Sie sind sehr beliebt und oft schnell vergriffen. Daher schaut rechtzeitig im Internet nach Terminen und Verfügbarkeiten.

Jimmy Fallon in New York

ABC MEHR ÜBER DIESE SPOTS ERFAHREN: LNYC.DE/**01030**

MUSICALS

New York ist weltbekannt für seine Musicals, Broadway- und Off-Broadway-Shows. Tickets müssen nicht immer ungemein teuer sein. Insgesamt gibt es fünf Wege, Karten für Musicals und Shows zu bekommen.

1 Lotterien

Die erste Low Budget-Variante sind Lotterien, über die Tickets günstig verlost werden. Entweder geht ihr selbst zu den **Ticketschaltern** der Theater, oder, noch bequemer, ihr nutzt die digitale Variante. Über → *show-score.com* könnt ihr auch online an der Lotterie teilnehmen. Die Website von **Broadway for Broke People** (→ *broadwayforbrokepeople.com*) funktioniert ganz genauso. Hier seht ihr sofort, wie teuer die Lotterie-Tickets sind. Noch ein weiterer Lotterie-Anbieter ist **TodayTix**. Über ihre kostenlose App tragt ihr euch bei den Shows ein, die euch interessieren. Hinterlasst dort euren Namen und mit ein wenig Glück gehört ihr zu den Gewinnern. Die Lotterien starten üblicherweise zwei bis drei Stunden vor dem Event und nehmen nur für knapp 30 Minuten die Lose entgegen.

2 Restplätze

Der bekannteste Anbieter für Restplätze ist **TKTS**. Deren Ticketschalter befinden sich direkt unter den roten Stufen am nördlichen Ende des Times Squares. Ihr könnt es nicht verfehlen! Auf die Restplätze der Veranstaltungen des gleichen Tages bzw. des Folgetages bekommt ihr bis zu 50% Rabatt.

Die schon angesprochene App **TodayTix** hat aber noch eine andere Funktion: Ihr könnt dort auf Restplätze zurückgreifen und sie direkt über die App kaufen. Während bei TKTS nur die Tickets für maximal zwei Tage verkauft werden, ist bei TodayTix der Zeitraum ein wenig größer (ca. zwei Monate). Eure Tickets erhaltet ihr dann von einem TodayTix-Mitarbeiter vor dem Theater. Die Abholung erfolgt in der Regel ab 30 Minuten vor der Vorstellung. In manchen Fällen könnt ihr sie direkt an der Theaterkasse abholen. Alle Informationen dazu könnt ihr in euren Bestätigungsmails nachlesen.

Was weit weniger bekannt ist: Sie haben noch drei weitere Ticket-Counter in New York. TKTS South Street Seaport findet ihr an der Ecke Front und John Streets ⊕ *190 Front St · Lower Manhattan*, am TKTS Lincoln Center direkt im **David Rubenstein Atrium** ⊕ *61 W 62nd St · Upper West Side* und in TKTS Downtown Brooklyn im **1 MetroTech Center** ⊕ *Ecke Jay St & Myrtle Ave Promenade · Brooklyn.*

3 Rush- und SRO-Tickets

Wenn ihr ganz spontan seid, dann haltet Ausschau nach sogenannten Rush- und SRO-Tickets. Wie der Name schon vermuten lässt, werden hier die letzten Restplätze sehr günstig verkauft. Der Nachteil dabei ist, dass ihr selten Plätze auswählen könnt. Normalerweise sind die Rush-Tickets für Studenten bestimmt. Wenn ihr also Student seid, könnt ihr die Tickets mit gültiger Studenten-ID kaufen. Doch auch wenn eine Show ausverkauft ist, besteht noch eine Chance, diese zu sehen. Wie? Mit SRO-Tickets (standing room only). Die Plätze sind meist ganz hinten in den Theatersälen. Auf der Seite → *playbill.com* gibt es sogar eine eigene Rubrik nur für Rush-Tickets.

4 Reguläre Tickets günstiger

Das Programm 20at20 (→ *20at20.com*) gibt es zweimal im Jahr: Hier könnt ihr für 20 Tage bei mehr als 20 Off-Broadway-Shows Tickets für $20 kaufen, die es ganz pünktlich 20 Minuten vor der Show gibt. Möglich wird dies, weil es von der Off-Broadway Alliance gesponserte Tickets sind.

5 Rabattcodes

Eine letzte Website, die wir euch sehr empfehlen können, ist → *broadwaybox. com*. Hier findet ihr regelmäßig Rabattcodes und Gutscheine für Musical Tickets, die ihr sofort online kaufen, ausdrucken und anschließend an der Theaterkasse vorzeigen könnt.

KAPITEL 6

BUD
TIP

NEW YORK CITY SIGHTSEEING-PÄSSE

Ein Bereich zum Thema Low Budget liegt uns besonders am Herzen: Die Sightseeing-Pässe von New York.

Mit den Pässen sind nicht nur Attraktionen und Touren vergünstigt, sondern teilweise auch Flughafentransfers und Restaurantbesuche. Die Stadt New York hat mittlerweile ein großes Angebot an Pässen. Momentan gibt es knapp zehn verschiedene. Wir haben die wichtigsten Pässe schon mehrfach (!) ausprobiert.

Eines vorab: Wir beschäftigen uns schon seit mehreren Jahren intensiv mit den Sightseeing-Pässen. Fast monatlich ändern sich Attraktionen, Preise und Bedingungen der Anbieter – auf unserer Website → lovingnewyork.de habt ihr immer die aktuellsten Informationen, weil wir diese täglich aktuell halten.

WAS IST DAS?

Die Rabatt-Pässe für New York sind eine Art Sammel-Ticket, mit denen ihr keine separaten Tickets für jede Attraktion benötigt, sondern idealerweise alles mit einem einzigen Pass abdeckt. Einmal bezahlt könnt ihr so alle Sehenswürdigkeiten, Touren etc., die im Pass enthalten sind, besuchen und im Vergleich zu Einzeltickets bis zu 70% sparen. Die genaue Summe ist dabei von euren gewählten Touren und Attraktionen, der Zeit, die ihr mit Sightseeing verbringen wollt, und von eurem Reisetyp abhängig.

WELCHE GIBT ES?

Von allen Pässen sind der **New York Pass**, **Explorer Pass**, **Sightseeing Pass NYC**, **CityPASS** und der **FreeStyle-Pass** die bekanntesten Vertreter.

Sie umfassen – abhängig vom Pass – über **90 Attraktionen**, die ihr damit günstig besuchen könnt. Einen großen Vergleich mit allen aktuellen Spots, Rabattcodes und Informationen findet ihr auf → *lovingnewyork.de/sparen*.

WIE FUNKTIONIEREN SIE?

Das Prinzip ist bei allen Pässen sehr ähnlich: Nach dem Kauf könnt ihr sie entweder ausdrucken, auf dem Smartphone als mobilen Pass mit nach New York nehmen oder auch vor Ort abholen. Einige bieten die Möglichkeit, sie per Post zu euch nach Hause schicken zu lassen. Davon raten wir euch allerdings ab, da die Versandgebühren dafür sehr hoch sind. Wenn ihr euren Pass das erste Mal in New York nutzt, wird er aktiviert und euer Sightseeing kann losgehen! Alles was ihr dazu machen müsst, ist euren Pass vorzulegen. Im Gegenzug wird euch dann eure Eintrittskarte ausgehändigt.

Nachdem ihr also eure Liste mit Sehenswürdigkeiten und Touren, die ihr auf jeden Fall besuchen wollt, erstellt habt, müsstet ihr theoretisch als erstes abgleichen, welcher der Pässe sie überhaupt beinhaltet. Danach beginnt das Rechnen und Kalkulieren, ob sich ein Pass lohnt und wenn ja, zu welchen Bedingungen.

Aber: Keine Sorge! Das geht auch viel einfacher! Denn genau dafür haben wir ein kostenloses Tool namens „New York Pass-Berater" inklusive eines Videos auf unserer Website, das die Arbeit für euch übernimmt! Wie das funktioniert? Zu jeder der Attraktionen und Touren haben wir die aktuellen Preise gepflegt. Sobald ihr auswählt, was ihr in New York machen wollt, berechnet er ganz individuell, ob sich für euch überhaupt ein Sightseeing-Pässe lohnt und falls ja, welcher genau das ist.

Wundert euch nicht, wenn euch manchmal zusätzlich ein Einzelticket für eine Tour oder Sehenswürdigkeit vorgeschlagen wird, obwohl sie eigentlich im Portfolio des Passes mit dabei ist. Unser New York Pass-Berater errechnet euch immer die allergünstigste Variante. In manchen Fällen ist nämlich die Kombination aus Sightseeing-Pass UND Einzelticket günstiger, als ein Pass, der alles beinhaltet. Zum Beispiel kann es sein, dass der Explorer Pass für vier Attraktionen PLUS das Einzelticket für das Top of the Rock günstiger ist als der Explorer Pass für fünf Attraktionen inkl. Top of the Rock.

Zusätzliche Sparmöglichkeit: Promo Codes und Rabatte

Wir haben sehr regelmäßig Rabattcodes, mit denen ihr Maximalrabatte von 20 bis 25% erhaltet. Welche gerade aktuell sind, findet ihr auch auf unserer Website. Und: Kauft im Zweifelsfall euren Sightseeing-Pass immer eine Nummer kleiner – euer Besuch in New York soll ja nicht in Stress ausarten!

EINFLUSSFAKTOREN

Gute Erfahrungen mit einem Pass haben wir immer dann gemacht, wenn wir vorab ein wenig geplant haben, was wir wann wo sehen werden. Das grenzt die Auswahl auf den richtigen Discount-Pass schon einmal ein.

Was für ein Reisetyp seid ihr?

Das ist eine sehr zentrale Frage, weil sie einen direkten Einfluss auf den richtigen Pass hat. Auf die folgenden zwei Typen haben sich ganz unterschiedliche Anbieter spezialisiert: Auf der einen Seite gibt es Besucher wie Steffen (Reisetyp 1), die ihre gewünschten Sehenswürdigkeiten und Touren an genau dafür eingeplanten Tagen am Stück machen und dafür die restlichen Reisetage "Sightseeing-frei" haben.

Auf der anderen Seite gibt es dann die Besucher wie Tino (Reisetyp 2), der seine Attraktionen locker auf mehrere Tage verteilt und so an jedem Tag eine oder zwei davon auf dem Reiseplan hat. Das hat den Vorteil, dass ihr an keinem der Tage in New York viele Sightseeing-Spots koordinieren müsst.

Hier entscheidet ihr ganz persönlich für euch, welcher Reisetyp er zu euch passt. Für **Reisetyp 1** sind Pässe wie de **New York Pass** und der **Sightseeing Pass NYC** optimal, weil ihr damit an aufeinanderfolgenden Tagen so viele Attraktionen besuchen könnt, wie ihr wollt bzw. schafft. Diese Tage-basierten Pässe bieten euch sozusagen eine Sightseeing-Flatrate.

Reisetyp 2

Attraktionen werden locker auf alle Tage verteilt.

Reisetyp 1

Es gibt kompakte Sightseeing-Tage am Stück.

Für den **Reisetyp 2** sind flexible Rabatt-Pässe besser, weil die Attraktionen und Touren auf den gesamten Reisezeitraum verteilt sind. Im Vergleich zur Variante 1 besucht ihr zwar genauso viele Sehenswürdigkeiten, nehmt euch dafür aber mehr Zeit. Genau dafür sind Pässe wie der **Explorer Pass, CityPASS** und der **Sightseeing FLEX Pass** perfekt. Denn bei diesen Sightseeing-Pässen ist nicht wie bei Typ 1 die Anzahl der Tage limitiert, sondern die Anzahl an Attraktionen. Entweder zählt ihr die Attraktionen und Touren, die Eintrittskosten vor eurer Reise nach New York und habt dann einen Richtwert oder ihr probiert einfach unseren Pass-Berater (→ Seite 110) aus. Ein mögliches Ergebnis könnte dann der **„Explorer Pass für 7 Attraktionen"** sein.

Wie lange seid ihr in New York?

New York hat ganz viele Sehenswürdigkeiten, die gerade bei einem ersten Besuch bei ganz vielen auf der Liste stehen. Diese lassen sich natürlich besser und leichter verteilen, wenn ihr länger in New York seid. Wenn ihr zum Beispiel auf jeden Fall sieben bis zehn Attraktionen auf dem Reiseplan habt und nur drei oder vier Tage dafür Zeit habt, seid ihr schon bei knapp drei Attraktionen pro Tag. Je mehr ihr sehen oder machen wollt, umso mehr tendiert die Auswahl in Richtung Tages-basierter Pässe wie dem **New York Pass** und **Sightseeing Pass NYC**.

Wie viele Sehenswürdigkeiten und Touren möchtet ihr euch ansehen?

Das entscheidet natürlich maßgeblich, welcher New York-Pass sich für euch lohnt. Ihr habt nur zwei kostenpflichtige Attraktionen, die ihr besuchen möchtet? Dann kann sich der Kauf der Einzeltickets eher für euch rechnen. Erst wenn ihr mehrere Sehenswürdigkeiten besuchen möchtet, kommen die Sightseeing-Pässe ins Spiel. Die Auswahl reicht von kleinen Pässen bis hin zu den großen Pässen im „all you can eat"-Style.

Wie lange wollt ihr die Hop-on Hop-off Busse nutzen?

Die Hop-on Hop-off Bustouren in New York erfreuen sich immer größerer Beliebtheit, schließlich könnt ihr wunderbar einen Eindruck von der Stadt bekommen. Dabei werden euch von einem Guide an Bord allerhand spannende Fakten über Gebäude und Ecken der Stadt, die New York auszeichnen, erzählt. Wenn ihr nur einen oder zwei der verschiedenen Routen sehen wollt, dann schafft ihr das locker an einem Tag. Wenn ihr euch mehr Zeit lassen oder mehrere Routen erkunden wollt, dann sind mehrere Tage schon realistischer. Jeder Sightseeing-Pass hat andere Angebote bzgl. der Hop-on Hop-off Touren. Mal sind einige Routen für die gesamte Dauer dabei, mal bekommt ihr ein Tagesticket.

Welches Budget habt ihr euch gesetzt?

Natürlich könnt ihr auch sagen: „Ist mir egal, ich nehme den größten New York-Pass und kann dann alles machen." Das machen aber nur die wenigsten, da es in manchen Fällen nicht sehr sinnvoll ist. Um das Budget für das Sightseeing festzulegen, solltet ihr $25 bis 30 pro Sehenswürdigkeit oder Tour OHNE Sightseeing-Pass einkalkulieren. Wenn ihr also wisst, dass ihr 5 Attraktionen sehen wollt, kostet der reguläre Eintritt meistens um die $125 bis 150. Genau jetzt kommen die Pässe ins Spiel: Meistens spart ihr jetzt locker 30%, sodass sich eure Reisekasse freuen kann!

Wann seid ihr in New York?

Das Wetter und die Reisezeit haben ebenfalls einen (wenn auch kleineren) Einfluss auf den richtigen Sightseeing-Pass. Warum? Sie bestimmen die Anzahl der angebotenen Outdoor-Aktivitäten. In der kalten Jahreszeit finden einige Touren nicht statt, wie z.B. die Speedboot-Fahrt von Circle Line.

Sollen Express-Tickets dabei sein?

In New York ist immer viel los und gutes Timing entscheidet über „keine Wartezeit" und „viel Wartezeit". Genau dafür gibt es die Option der Tickets onne Warteschlange. Der **New York Pass** hat aktuell die meisten Express-Tickets von allen Sightseeing-Pässen. Fairerweise müssen wir aber dazu sagen, dass darunter nur wenige richtig große Attraktionen fallen. Da sich aber auch das regelmäßig ändern kann, solltet ihr euch am besten auf unserer Seite nach dem neuesten Stand erkundigen.

Mit wem reist ihr nach New York?

Gerade wenn ihr mit Kindern in New York City seid oder nicht allzu viel laufen möchtet bzw. könnt, sind entspannte Touren per Boot oder die Hop-on Hop-off Bustouren eine sehr sinnvolle Ergänzung zum normalen Sightseeing-Programm. Daher solltet ihr die passenden Touren einplanen bzw. die Laufzeit der Bustouren nicht nur bei einem oder zwei Tagen lassen, sondern die drei- bis sieben-tägigen Bustouren als Option in Betracht ziehen.

PASSBERATER

Wir wurden immer häufiger gefragt, welcher Pass denn nun der beste sei. Eine pauschale Antwort ist jedoch gar nicht möglich. Abgesehen davon, dass die Details der Pässe sich gelegentlich ändern, hängt die richtige Wahl des Passes von vielen persönlichen Faktoren ab.

Damit ihr trotz der Fülle an Informationen den richtigen Pass für euch findet, haben wir ein Tool erstellt: **unseren Passberater**. Wie er funktioniert? Nachdem ihr die Personenzahl angegeben habt, wählt ihr in unserer vorbereiteten Liste aus, welche Sehenswürdigkeiten und Touren ihr gerne besuchen bzw. machen wollt. Dazu reicht jeweils ein Klick! Mit jeder dazu gewählten Attraktion rechnet der Passberater aus, welcher Pass anhand eurer persönlichen Auswahl am günstigsten wäre. Das Ergebnis wird dabei jederzeit unten auf der Seite eingeblendet.

Was wir unbedingt nochmals anmerken wollen ist, dass der Passberater manchmal empfiehlt, das eine oder andere Ticket separat zu kaufen. Warum er das macht? Weil die Kombination aus einem Pass mit gesonderten Tickets in manchen Fällen günstiger ist, als einen größeren Pass zu nehmen.

1   **Personenzahl angeben**

2   **Sehenswürdigkeiten und Touren auswählen**

3   **günstigster Pass wird angezeigt**

Hier kommst du direkt zum Passberater:
→ lovingnewyork.de/new-york-pass-berater

KAPITEL 7

ESSEN

New York gilt als Hotspot für Foodies und bietet unendlich viele Möglichkeiten, lecker essen zu gehen.

Gute und günstige Restaurants in New York gibt es wie Sand am Meer. Es ist nur wichtig zu wissen, welche davon wirklich lohnenswert sind. Grundsätzlich lässt sich sagen, dass ihr euch großräumig von Touristengegenden wie dem Times Square fernhalten solltet, wenn ihr in New York Geld für Restaurants sparen wollt.

Die Auswahl ist überwältigend – die Preise manchmal jedoch auch. Bitte vergesst nicht, dass zu dem Preis auf der Speisekarte noch Steuern (knapp 9%) und Trinkgeld (15 bis 20%) hinzuaddiert werden müssen! Und bitte spart nicht beim Tip. Dies wird in New York als extrem unhöflich angesehen und gehört zum festen Bestandteil des Lohnes der Mitarbeiter in der Gastronomie.

Damit ihr ein Gefühl für die Preise bekommt, haben wir euch zu den einzelnen Spots Preisangaben dazu geschrieben. Die Preise sind natürlich nur ungefähr und können sich im Laufe der Zeit ändern.

FRÜHSTÜCKEN

Wie viele von euch auch lieben wir es, typisch amerikanisch zu frühstücken. Da nur wenige Hotels ein tolles Frühstück anbieten, sind die Diners und Frühstückscafés immer unsere Anlaufstelle Nummer eins. Frühstücken in New York ist sehr vielfältig – aufgrund der vielen Nationalitäten und Touristen habt ihr eine riesige Auswahl!

Bagels zum Frühstück

Starbucks

Die Kaffeekette Starbucks ist für einen schnellen Kaffee und ein kurzes Frühstück ein guter und günstiger Start in den Tag. Mit über 200 Filialen allein in Manhattan und weiteren 100 in den angrenzenden Stadtteilen findet ihr garantiert eine in eurer Nähe.

$ *Bagel & Kaffee: ca. $8*

z.B. 251 W 42nd St · div. Locations

Ⓐ Ⓒ Ⓔ *42 St-Port Authority Bus Terminal*

Best Bagel and Coffee

Bagels sind aus New York nur sehr schwer wegzudenken! Naturlich gibt es hier auch eine riesige Auswahl an Bagel Shops. Einer davon ist Best Bagel and Coffee. Hier gibt es neben Bagels auch leckeres Gebäck für den kleinen Geldbeutel.

$ *Bagel & Kaffee: ca. $3,50*

225 W 35th St · Midtown

❶ ❷ ❸ Ⓐ Ⓒ Ⓔ *34 St-Penn*

INSIDER-TIPP *Die kleinen Buden auf den Straßen von New York verkaufen morgens auch Kaffee, diesen gibt es ab $1 und er schmeckt ebenfalls sehr gut.*

[ABC] MEHR ÜBER DIESE SPOTS ERFAHREN: LNYC.DE/**01032**

Dunkin' Donuts

Wenn für euch Süßes zum Start in den Tag dazugehört und ihr morgens nicht viel Zeit beim Frühstücken verbringen wollt, weil ihr euch lieber in das Leben New Yorks stürzt, dann ist Dunkin' Donuts ebenfalls eine günstige Option. Sie haben 600 Filialen in New York – es gibt sie quasi an jeder Ecke! Außerdem sind die Donuts super saftig und lecker.

$ *Donut & Kaffee: unter $4*

☆ *z.B. 5 W 43 St · div. Locations*

Ⓑ Ⓓ Ⓕ Ⓜ *42 St-Bryant Pk*

Pick a Bagel

Pick a Bagel hat ein wirklich großes Angebot. Hier findet ihr nicht nur leckere Bagels und Flagels, sondern auch Croissants, Pancakes, Sandwiches, Haferflocken, Omelettes, Obstsalate und Muffins – um nur einiges zu nennen! Das Essen ist schnell und günstig. Die meisten Preise liegen hier unter $10.

$ *Bagel & Joghurt: ca. $7*

☆ *z.B. 891 8th Ave · div. Locations*

Ⓔ Ⓓ *7 Av*

Absolute Bagels

Absolute Bagels befindet sich auf der Upper West Side und ist durch seine Lage ein beliebter Bagel Shop unter den Locals. Hier stimmt das Preis-Leistungs-Verhältnis einfach!

$ *Cream Cheese Bagel: ca. $2,50*

☆ *2788 Broadway · Upper West Side*

❶ *Cathedral Pkwy 110 St*

Ess-a-Bagel

An der Auswahl der Bagelsorten mangelt es hier auf keinen Fall. Es gibt sogar Mini-Bagels für den kleinen Hunger. Diese kosten unter $1! Ess-a-Bagel bietet sich super für ein schnelles Frühstück oder einen Snack an.

$ *einfacher Bagel: ca. $1,35*

☆ *z.B. 831 3rd Ave · Midtown*

Ⓔ Ⓜ *Lexington Av-53 St*

Panera Bread

Auch Panera bietet viele gesunde und preiswerte Optionen zum Frühstück, Mittag- oder Abendessen. Obwohl es eine große Kette ist, ist Panera ein echter Local-Magnet. Das Frühstücks-Menü beinhaltet Croissants, Cookies, Kuchen und auch Warmes, sowie z.B. ein Bacon & Egg & Cheese Sandwich. Zum Mittag gibt es Suppen, Sandwiches, Nudeln und Salate – alles unter $10.

$ *„Pick 2"-Angebot, z.B. Salat & Sandwich: ca. $7–8*

☆ *z.B. 452 5th Ave · div. Locations*

❼ *5 Av-Bryant Pk*

IHOP

IHOP ist im ganzen Land bekannt! Beliebt ist die riesige Restaurantkette besonders wegen ihrer Pancakes und Waffeln, allerdings gibt es dort auch Herzhaftes. Hier frühstückt ihr gut unter $10.

$ *Original Buttermilk Pancakes: ca. $6*

☆ *z.B. 235-237 E 14th St · Gramercy Pk*

Ⓛ *3 Av*

Majestic Delicatessen

Dieser Deli überzeugt, da er trotz Spitzenlage direkt am berühmten Times Square ein sehr faires Angebot bietet. Hier gibt es unter anderem Sandwiches, Omelettes, Burger und Pommes. Oftmals könnt ihr Combos bestellen, die auf jeden Fall satt machen!

$ *Eier, Pommes, Toast mit Bacon & Wurst: ca. $9*

⌖ *200 W 50th St · Midtown*

❶ ❷ *50 St*

Katz's Delicatessen

Obwohl ein Sandwich hier relativ teuer erscheint, bekommt ihr für euer Geld sehr viel. Die Sandwiches sind hier überdurchschnittlich belegt. Das Verhältnis von Brot zu Belag ist hier gefühlt 1 zu 20. Ihr werdet auf alle Fälle satt und je nach Hunger könnt ihr euch gut ein Sandwich teilen.

$ *Sandwich: ca. $20*

⌖ *205 E Houston St · Lower East Side*

❻ *Delancey St*

Leckere Pancakes

ABC MEHR ÜBER DIESE SPOTS ERFAHREN: 🖥 LNYC.DE/01033

RESTAURANTS

Damit ihr nicht auf die riesige Auswahl an internationaler Küche verzichten müsst, haben wir unsere Liste der besten Low Budget-Restaurants in New York erstellt. So könnt ihr euch durch alle Küchen durchtesten und dabei trotzdem Geld sparen.

Bon Appetit!

Shake Shack Burger

Shake Shack
Der beste Burger der Stadt

Shake Shack in New York ist schon lange kein Geheimtipp mehr. Die bekannte Restaurantkette wächst und wächst und immer mehr neue Shake Shack werden in New York eröffnet. Eine der beliebtesten Filialen befindet sich im Flatiron District am Madison Square Park. Die recht unscheinbare Bude hinterlässt aber einen bleibenden Eindruck, da die Schlange immer unfassbar lang ist. Vermeiden solltet ihr den Standort nähe Times Square auf der 8th Avenue. Viel zu voll – viel zu eng. Zu empfehlen ist die Location im Grand Central Terminal oder in DUMBO, wo sich der Besuch perfekt mit einem Spaziergang über die Brooklyn Bridge kombinieren lässt.

$ *Burger, Pommes & Getränk: ca. $12*

📍 *z.B. 1 Old Fulton St · div. Locations*

Ⓐ *High St-Brooklyn Bridge*

Bareburger
Burger für alle

Wir gehen sehr gern zu Bareburger, weil die Burger einfach richtig gut sind. Dort legt man großen Wert auf natürliche Zutaten und ihr findet sogar Burger für Vegetarier und Veganer auf dem Menü. Wir haben Bareburger hier gerade noch so als Low Budget-Tipp aufgenommen, weil das Preis-Leistungs-Verhältnis eben stimmt. Im Vergleich zu Shake Shack sind sie jedoch teurer.

$ *Burger, Pommes & Getränk: ca. $18*

📍 *535 LaGuardia Pl · div. Locations*

Ⓐ Ⓔ Ⓓ Ⓕ Ⓜ *4 St-Washington Sq*

Pret a Manger
Gesundes, frisches Essen

Pret a Manger ist eine bekannte Kette mit „gesundem Fast Food" und bei den Amerikanern ein sehr beliebter Ort, um sich Mittagessen zu holen. Ihr habt

Tacos

hier eine riesige Auswahl an Sandwiches, Salaten, Flatbreads, Wraps,
Suppen, und sogar Mac and Cheese!
Außerdem gibt es eine kleine Bäckerei
mit leckeren Broten und Muffins – und
es gibt frisches Obst, Kaffee und Tee.
Pret a Manger zeichnet sich besonders
durch die hohe Qualität der Zutaten
aus und bereitet alle Gerichte frisch in
der vorherigen Nacht zu. Ihr bekommt
hier wirklich gutes Essen! Auch Pret a
Manger findet ihr so gut wie überall in
der Stadt.

$ *Bagel & Kaffee: ca. $3,50*

⛲ *z.B. 125 Chamber St · div. Locations*

❶❷❸ *Chamber St*

Chipotle
Low Budget Burritos und Tacos
Chipotle ist eine bekannte Kette, die
das mexikanische Essen in die USA
gebracht hat. Obwohl es im Big Apple
sehr viele mexikanische Restaurant-Op-
tionen gibt, ist es für uns eines der Top
Low Budget-Restaurants in New York.
Auf dem Menü stehen Tacos, Burritos,
Quesadillas, Burrito Bowls sowie Salad
Bowls. Ihr habt dann die Wahl zwischen
verschiedenen Reis-, Salat- und
Fleischsorten. Die Toppings variieren
von Sour Cream über Käse, Guacamole,
Mais und vieles mehr. Natürlich gibt es
leckere Tortilla Chips als Beilage! Für ein

schnelles Mittagessen zwischendurch ist Chipotle genau das Richtige und die Burritos sind riesig! Ihr findet das mexikanische Restaurant an fast jeder Ecke in der Stadt.

$ *Burrito, Chips & Getränk: ca. $14*

♟ *z.B. 680 6th Ave · div. Locations*

❶ ❷ *23 St*

Dos Toros Taqueria
Leckere Quesadillas

Mexikanisches Essen geht immer, oder? Im Restaurant Dos Toros gibt es eine große Auswahl an mexikanischen Köstlichkeiten. Es gibt – natürlich – Tacos, Burritos, Quesadillas und verschiedene Salate. Die Portionen sind üppig, satt werdet ihr also auf jeden Fall! Mittlerweile hat das Dos Toros viele Locations in ganz Manhattan – garantiert auch in eurer Nähe. In Brooklyn findet ihr auch zwei Locations, eine davon in unmittelbarer Nähe der Brooklyn Bridge.

$ *großer Salat & Getränk: ca. $11*

♟ *z.B. 64 Court St · div. Locations*

❹ ❺ *Borough Hall*

Mighty Quinn's BBQ
Pulled Pork und Spicy Chicken Wings

Wenn ihr auf der Suche nach einem guten und günstigen BBQ Restaurant in New York seid, werdet ihr bei Mighty Quinn's fündig werden. Unsere Lieblingslocation ist die im East Village. Dort ist das BBQ wirklich lecker und daher ist das Restaurant immer gut besucht.

Doch nicht nur im East Village findet ihr eine Filiale von Mighty Quinn's BBQ – es gibt aktuell noch vier weitere Filialen in Manhattan und ebenso eine in Brooklyn.

$ *Portion Fleisch eurer Wahl, Beilage & Bier: ca. $19*

♟ *z.B. 103 2nd Ave · div. Locations*

❹ ❻ *Astor Pl*

Black Seed Bagels
Aus Montréal nach New York

Bei Black Seed Bagels gibt es leckere selbst gebackene Bagels und hausgemachte Cream Cheese-Optionen zum kleinen Preis. Außerdem könnt ihr euch frische Sandwiches belegen lassen, egal ob klassisch oder ausgefallen mit allen Zutaten eurer Wahl. Leckere Klassiker bei Black Seed Bagels sind definitiv der Smoked Salmon and Cream Cheese, Smoked Turkey oder Tuna Melt. Weiterhin könnt ihr auch Egg and Cheese wählen, d.h. ihr habt einen Bagel mit Ei und verschiedenen Käsesorten und Avocado. Dazu gibt es sogar Pizza-Bagels. Black Seed Bagels ist toller Laden mit viel Charakter und gutem Essen für Sparfüchse in New York. Unsere Lieblingslocation findet ihr in Nolita.

$ *Bagel: ca. $8*

♟ *z.B. 170 Elizabeth St · div. Locations*

❻ ❷ *Bowery*

 MEHR ÜBER DIESE SPOTS ERFAHREN: 💻 LNYC.DE/**01035**

The Great NY Noodletown

Essen
Große Vielfalt

Ihr findet bei Essen in New York ein Buffet mit bereits zubereiteten Köstlichkeiten. Von frischen Salaten bis Lachs bekommt ihr hier alles. Für unter $15 bekommt ihr locker eine große Portion und spart somit eine Menge Geld. Viele der Essen-Locations in New York haben zusätzlich auch noch eine Art Deli mit im Restaurant, wo ihr euch Sandwiches, Wraps oder Bagels kaufen könnt. Dazu gibt es frisch gepresste Säfte, Süßigkeiten, allerlei Getränke und Kuchen.

$ *Mittagessen: max. $15*

🛎 *z.B. 160 Varick St · div. Locations*

🄴 *Spring St*

The Great NY Noodletown
Chinesische Küche

Mitten im Herzen von Manhattans Chinatown befindet sich The Great NY Noodletown, eines der wohl bekanntesten Restaurants der Gegend. Sowohl Locals als auch Touristen aus aller Welt kommen hierher, um die spezielle kantonesische Küche zu probieren. Wenn ihr also in Chinatown unterwegs seid und abends noch einen schnellen Snack oder eine kleine Mahlzeit zwischendurch essen möchtet, ist The Great NY Noodletown die richtige Adresse. Hier stimmt neben der Qualität vor allem der Preis. Die gebackene Ente ist das Spezialgericht in The Great NY Noodletown und etwas, was ihr unbedingt probieren solltet. Die Nudelsuppe ist auch absolut lecker und sehr empfehlenswert.

$ *Mittagessen: ca. $10*

🛎 *28 Bowery · Chinatown*

Ⓜ🅹🇿 *Canal St*

Saigon Shack
Vietnamesische Küche

In Greenwich Village gibt es eine große Auswahl an vietnamesischem Essen. Egal ob die beliebte Pho-Suppe, das bekannte Banh Mi-Sandwich, Reis- oder Nudelgerichte – in Restaurants wie Saigon Shack könnt ihr euch schon für unter $10 statt essen. Aufgrund ihrer Preis-Leistungs-Verhältnisse sind die vietnamesischen Restaurants immer gut besucht. Hier solltet ihr darauf achten, dass viele Restaurants dieser Art nur Bargeld akzeptieren. Unsere Empfehlung: Bestellt euch euer Essen „to go" und nehmt es mit in den `Washington Square Park`!

$ *vietnamesisches Sandwich (Banh Mi): $5*

⌖ *114 Macdougal St · Greenwich Village*

Ⓐ Ⓔ Ⓓ Ⓕ Ⓜ *W 4 St-Washington Sq*

`Halal Guys`
„Döner" in New York

Für den schnellen Hunger auf den New Yorker Straßen haben wir noch einen absoluten Insider-Tipp für euch: die Halal Guys. Ihr Markenzeichen sind die gelb-roten Sonnenschirme, ihre gelben Shirts und ein köstlicher Geruch nach Gyros, Pita und Döner. Diese Bordstein-Gastronomen bieten riesige Portionen an gutem und frischem Essen, bei dem ihr euch keine Sorgen um die Qualität machen müsst. Im Gegenteil: Ihr werdet die langen Schlangen sehen und ggf. 25 Minuten anstehen, denn die New Yorker lieben die Halal Guys! Wer auf einem Low Budget-Trip in New York ist, wird sich bei den Halal Guys für wenig Geld den Bauch vollschlagen können. Checkt die Website der Halal Guys für die aktuellen Locations ihrer Stände.

$ *Pita oder Döner: ca. $7*

⌖ *div. Locations*

`One Dollar Pizza Slice`
Das „Wahrzeichen" der New Yorker Foodszene

Das berühmte „one dollar slice" hat in New York definitiv seinen Ruf weg. Diese isst man hier nicht gezielt, sondern eher, weil man keine Zeit, keine Lebensmittel oder noch kein Gehalt für diesen Monat bekommen hat. Trotzdem sind die „One Dollar Slices" wohl eine der besten Spartipps für New York. Wir empfehlen `Champion Pizza`, `99 cents Fresh Pizza` oder `Percy's Pizza`. An so gut wie jeder Ecke der Stadt findet ihr mindestens einen Spot, der Pizza-Slices verkauft – diesen typischen (leckeren) Geruch verbinden wir persönlich direkt mit New York, weil wir bei jedem Besuch bisher mindestens ein Slice essen. Das gehört einfach dazu!

⌖ *z.B. 101 Ludlow St (Champion Pizza) · div. Locations*

Ⓕ *Delancey St*

Halal Guys

FOOD TRUCKS

Aufgrund ihres vielfältigen Angebots werden Food Trucks in NYC immer beliebter. Die Gerichte, die ihr heute kaufen könnt, sehen nicht nur gut aus, sondern schmecken auch super. Da Food Trucks ihren Standort oftmals wechseln, schaut auf ihrer Website nach der aktuellsten Location!

Food Truck

Meatoss Street Grill

Hier gibt es super leckeres Fleisch vom Chefkoch Daniel. Er wurde in Russland geboren, wuchs in Israel auf, bis er dann nach New York zog. Er hat einen professionellen brasilianischen Churrasco-Grill, auf dem die verschiedensten Fleischsorten landen. Wir können euch die Hähnchenschenkel mit karamellisierten Zwiebeln empfehlen. Als Beilage könnt ihr zwischen vielen verschiedenen Fries wählen – wir mögen die Lemon Pepper Fries am liebsten.

→ meatosstruck.com
$ ca. $10–15

The Empanada Sonata

The Empanada Sonata bietet euch leckere Empanadas, also gefüllte Teigtaschen. Es gibt die klassischen Empanadas, die mit Beef gefüllt sind, oder die, die mit Nutella und Bananen gefüllt sind. Herzhaft oder süß, ihr habt die Qual der Wahl. Eins können wir euch versichern, sie schmecken in jedem Falle super. Zu den Leckereien könnt ihr aus über zehn verschiedenen Dips wählen. Übrigens ertönt aus dem Truck immer laute Musik und die Köche singen lautstark mit. Da macht das Warten dann auch richtig Spaß, denn gute Laune steckt bekanntlich an. Also wenn ihr Lust habt, singt einfach mit.

→ theempanadasonata.com
$ ab $5

El Toro Rojo Truck

Hier gibt es authentische mexikanische Spezialitäten – Tacos, Quesadillas, Burritos und vieles mehr. Probiert unbedingt den Chorizo & Ei-Burrito. Der schmeckt einfach köstlich. Auch die Guacamole mit Tacos ist einfach nur lecker.

$ ca. $10

Wafels & Dinges

Wafels & Dinges ist ein wahres Waffel-Paradies: Es gibt sie in den unterschiedlichsten Variationen – mit Eis, frischen Früchten, Sahne, Schokolade. Aber Wafels & Dinges kann nicht nur süß, sondern auch herzhaft. Unsere Empfehlung: Salmon Benedict – pochiertes Ei mit Sauce Hollandaise und frischem Lachsfilet auf einer Waffel.

→ dinges.nyc
$ ca. $7-12

Harajuku Sushi & Crêpe

Hier gibt es zum einen leckeres Sushi und zum anderen frische Crêpes. Die Crêpes sind unter anderem gefüllt mit Avocados, Garnelen, Schweinefleisch, Eiern und vielem mehr. Die Zutaten sind immer frisch und das schmeckt man auch. Neben herzhaften Crêpes gibt es auch süße. Diese sind beispielsweise mit Schokolade, Eiscreme, frischen Beeren und/oder hausgemachten Matcha-Schokoladentrüffeln gefüllt.

→ harajukusushiandcrepe.com
$ ca. $6-13

Momo Delight

Chefkoch des Momo Delights ist Fulpa Jangbu. Er ist in Nepal aufgewachsen und seine Lieblingsgerichte sind Dumplings – Teigtaschen mit unterschiedlichen Füllungen. Als er nach Queens kam, vermisste er die Dumplings so sehr und beschloss daher, seine eigenen

zu kreieren. Die Dumplings schmecken unglaublich gut!

→ momodelight.com
$ ca. $15

Neapolitan Express

Hauptsächlich gibt es hier köstliche Pizza, aber auch viele andere italienische Gerichte. Unsere Empfehlung: Trüffel und Artischocken. Den Truck gibt es an unterschiedlichen Standorten in Manhattan, wie z.B. am Battery Park, an der Water Street und in Midtown.

→ neapolitanexpress.com
$ ca. $8-15

Leckere Waffeln von Wafels & Dinges

Wafels & Dinges Food Truck

FOOD MARKETS

Kaum eine andere Stadt hat kulinarisch so viel zu bieten wie New York. Dabei sind Food-Märkte ein echtes Erlebnis. Die Produkte sind nicht nur extrem frisch, sondern auch viel günstiger als im klassischen Supermarkt. Bringt also auf jeden Fall Hunger mit.

Sabrina und Larissa im Gansevoort Market

Urbanspace Vanderbilt

Nur einen Steinwurf von der *Grand Central Station* entfernt befindet sich der Food Market im Inneren des Helmsley Buildings auf der Vanderbilt Avenue. Auf mehreren Hundert Quadratmetern ist hier für jeden Geschmack etwas dabei. Überall ist Selbstbedienung und am Ende trefft ihr euch an einem der Tische – hier können alle beisammensitzen. Das heißt: Jeder bestellt das, worauf er Lust hat, und geschlemmt wird trotzdem gemeinsam.

🍽 *E 45th & Vanderbilt Ave · Midtown*
④ ⑤ ⑥ ⑦ *Grand Central-42 St*

Urbanspace at 570 Lex

Neben dem Urbanspace Vanderbilt gibt es seit neuestem mit dem Urbanspace at 570 Lex eine zweite Filiale. Auch hier ist die Auswahl riesig: Sie reicht von Tacos über Fried Chicken, Asian Food, Pizza bis hin zu mediterranen Gerichten. Es ist also auf jeden Fall was für euch dabei!

🍽 *570 Lexington Ave · Midtown*
🄴 Ⓜ *Lexington Av-53 St*

[ABC] MEHR ÜBER DIESE SPOTS ERFAHREN: 💻 LNYC.DE/**01039**

City Kitchen Food Market

Der City Kitchen Food Market ist einer der neuesten Indoor-Märkte und befindet sich mitten im Herzen von New York am Times Square. Die Idee, genau hier einen Food Market zu eröffnen, entstand durch das angeschlossene Hotel Row am Times Square, dessen höchste Priorität es ist, dem Gast ein authentisches New York-Feeling zu vermitteln. Hierzu gehört natürlich auch ein Food Market, zu dem die Hotelgäste einen direkten Zugang haben. Auch wenn ihr kein Zimmer im Row gebucht habt, könnt ihr den City Kitchen Food Market problemlos besuchen. Wir sind absolute Fans dieses Markets und können euch nur empfehlen, hier einmal vorbeizuschauen. Die Atmosphäre ist grandios und das Essen schmeckt einfach köstlich.

⚐ 700 8th Ave, zw. W 44th & W 45th St · Midtown
Ⓐ Ⓔ 42 St-Port Authority Bus Terminal

Hudson Eats

Im Hudson Eats könnt ihr eine tolle Aussicht auf den Hudson River und die Freiheitsstatue genießen. Die Restaurants sind eher im gehobeneren Segment anzusiedeln, daher nicht wirklich Low Budget, aber auch hier gibt es ein paar Alternativen, um ein wenig Geld zu sparen. Ihr findet hier zum Beispiel die Blue Ribbon Sushi Bar, Umami Burger und Dos Toros Taqueria. Die Architektur im Inneren ist auch sehr beeindruckend. Nicht nur kulinarisch lohnt sich ein Besuch im Hudson Eats.

⚐ Brookfield Pl, 200 Vesey St · Lower Manhattan
❶ ❷ ❸ Chambers St

Eataly Market

Eataly gibt es am Flatiron sowie am One World Trade Center. Allgemein ist Eataly relativ hochpreisig, weshalb unser Low Budget-Tipp an dieser Stelle schlicht und einfach der Besuch von Eataly ist. Kauft euch einen der köstlichen Kaffees und schlendert durch den italienischen Food Market in New York. Der mediterrane Genusstempel lässt das Herz eines jeden Italien-Fans höher schlagen, denn Eataly bietet wirklich alles, was Italien kulinarisch so besonders macht. In einer attraktiven Marktatmosphäre könnt ihr verschiedenste Köstlichkeiten kaufen und den Verkäufern bei der Herstellung von Pasta und Backwaren zusehen.

Wenn ihr selbst gerne italienisch kochen lernen möchtet, habt ihr dort die Möglichkeit, an Kochkursen teilnehmen. Kostenpunkt: $65 bis 85. Für Familien mit Kindern im Alter von 3 bis 13 Jahren gibt es ein Sonderangebot von Kursen für nur $10. Eltern zählen in dem Fall als Begleitpersonen.

⚐ z.B. 200 5th Ave, zw. W 23rd & W 24th St · Flatiron District
Ⓝ Ⓡ Ⓕ Ⓦ E 23 St

Gansevoort Market

Der Gansevoort Market ist ein einzigartiger Lebensmittelmarkt, welcher einen hohen Wert auf die Qualität der Produkte von lokalen und internationalen Händlern legt. Hier gibt es viele leckere Süßwaren, herzhafte Snacks, Kaffee, frische Bio-Säfte sowie vegane Lebensmittel.

🚇 353 W 14th St, zw. 8th & 9th Ave · Chelsea
Ⓐ Ⓔ 14 St/8 Av

Chelsea Market

Die erste Adresse für alle Gourmets unter euch ist definitiv der Chelsea Market direkt neben dem Meatpacking District. Dieser Ort war einst eine Keksfabrik und Geburtsort der berühmten Oreo-Kekse. Heute findet ihr in den ehemaligen Fabrikhallen Bäckereien, Weinhändler, Gemüsehändler, ein Fischgeschäft, eine Fleischerei, Restaurants, Sushi Bars, Original-Berliner Currywurst und vieles mehr. Wir kaufen uns dort gern unser Mittagessen und nehmen es mit zum High Line Park, um von dort den Blick auf New York zu genießen. Da der Markt überdacht ist, lässt sich hier auch ein kalter oder regnerischer Tag optimal verbringen.

🚇 75 9th Ave · Chelsea
Ⓐ Ⓔ 14 St/8 Av

Smorgasburg Food Market

Der Smorgasburg Food Market in Brooklyn ist einer der beliebtesten Lebensmittelmärkte der Stadt – hier treffen sich vor allem die Einheimischen zum Essen und Trinken. Vielleicht habt ihr schon vom Smorgasburg Food Market in Williamsburg gehört, der ebenfalls sehr bekannt ist. Dieser findet allerdings ausschließlich in den sommerlichen Monaten statt, während die Tore des Marktes in Brooklyn ganzjährig offenstehen. Smorgasburg bedeutet übrigens so viel wie „eine Mischung aus Essen" und daher ist die Auswahl an kleinen Ständen mit vielen verschiedenen internationalen Köstlichkeiten passenderweise sehr vielfältig. Auf dem Markt findet ihr Fleisch, Fisch, Brot, Eis und Süßigkeiten – sowie sehr kreative Getränke. Alles ist frisch zubereitet und so individuell wie New York selbst. Bis zu 100 verschiedene Anbieter verkaufen hier ihre Köstlichkeiten. Der Smorgasburg Food Market ist eine super Gelegenheit, in die Welt der New Yorker abzutauchen, denn auf diesen Markt verirren sich nur wenige Touristen. Also mischt euch unter die Menschenmenge, schlendert von Stand zu Stand und genießt euer Essen.

🚇 241 37th St · Brooklyn
Ⓓ Ⓝ Ⓡ Ⓦ W 36 St

SUPERMÄRKTE

Ein ganz offensichtlicher Food-Budget-Tipp sind die Supermärkte, Delis und Grocery Stores in New York: Hier kaufen die Locals ein wie wir zu Hause auch. Die Delis und Grocery Stores sind kleinere Shops, die von Essen über Trinken auch oft fertige Sandwiches anbieten. Ganz oft findet ihr sie an den Kreuzungen der Streets und Avenues. Viele der Läden gibt es schon seit Jahrzehnten und sie sind wichtiger Bestandteil der Communities.

Parallel dazu könnt ihr euch in den großen Supermärkten versorgen: Die bekanntesten Ketten sind **Whole Foods** (Fokus auf Bio) ⊕ z.B. 1095 6th Ave · Midtown und **Trader Joe's** ⊕ z.B. 200 E 32nd St · Midtown. Von Trader Joe's gibt es allein in Manhattan sechs Filialen und drei in Brooklyn. Trader Joe's ist deutlich günstiger als Whole Foods. Whole Foods bietet aber eine große Auswahl an frischen Lebensmittel wie Sushi, Salate und Sandwiches, die ihr dort direkt verzehren könnt.

STEFFENS TIPP

> *Sucht den Whole Foods am Bryant Park auf, besorgt euch dort, worauf ihr Lust habt und setzt euch danach in den Park und genießt das Essen dort.*

Zu unseren weiteren Tipps gehören der **Best Market** in **Harlem** ⊕ 2187 Frederick Douglass Blvd, **Tribeca** ⊕ 316 Greenwich St und **Astoria** ⊕ 19-30 37th St. Der **Fairway Market** ist ein beliebter Supermarkt in Hamilton Heights ⊕ 2328 12th Ave · Harlem. Hier könnt ihr supergünstig einkaufen. Wenn ihr in Hell's Kitchen unterwegs seid, schaut im **Amish Market** ⊕ z.B. 731 9th Ave · Hell's Kitchen vorbei – neben Smoothies bietet er eine große Salatbar, Sandwiches und Pizza.

Whole Foods

TRIN
KEN

Ausgehen in New York gehört für die meisten Besucher zum Pflichtprogramm.

Allerdings kann dies sehr schnell sehr teuer werden. Der durchschnittliche Preis eines Cocktails in New York liegt nämlich bei ca. $14 und für ein Bier bei $8. Dazu kommt noch ein Trinkgeld von $1 bis 2 pro Drink bzw. 20% der Gesamtrechnung.

Da ihr aber natürlich auf kein Erlebnis verzichten sollt, haben wir uns auf die Suche nach den besten Deals gemacht, um euch beim Sparen zu helfen. In diesem Abschnitt erzählen wir euch, wo ihr wann die besten Angebote ergattern könnt, **damit ihr keine Happy Hour verpasst**! Bitte bedenkt dabei, dass sich Preise und Angebote im Laufe der Zeit immer mal verändern können. Daher empfehlen wir euch, noch einmal auf den offiziellen Seiten nachzuschauen.

♀ Beachtet unbedingt die Happy Hour!

BARS & PUBS

169 Bar

Niedrige Preise sind hier garantiert. Obendrauf gibt es zur Happy Hour noch einmal $1 auf Dosen- und Fassbiere und $2 Rabatt auf alles andere geschenkt. So landet ihr bei vielen Getränken bei Preisen unter $5.

täglich 12-7.30 p.m.
169 E Broadway · Lower East Side
F *E Broadway*

Alligator Lounge

Was ist besser als ein Drink in einer Bar? Ein Drink mit einer Gratis-Pizza dazu! Das ist das Markenzeichen der Alligator Lounge in Brooklyn.

600 Metropolitan Ave · Williamsburg/ Brooklyn
L *Lorimer St*

Coney Island Brewery

In der Coney Island Brewery bekommt ihr ein großes, frisches Bier für $7. Dabei könnt ihr aus vielen leckeren Sorten aussuchen. Wenn ihr mehr als nur trinken wollt, dann könnt ihr an einer kostenlosen Tour durch die Brauerei teilnehmen, die dreimal täglich stattfindet.

täglich 2, 4 & 6 p.m.
1904 Surf Ave · Coney Island/Brooklyn
D F N Q *Coney Island-Stillwell Av*

Crocodile Lounge

Die Crocodile Lounge ist die Manhattan-Variante zur Alligator Lounge. Auch hier gibt es zu jedem Drink eine Gratis-Pizza. Lasst es euch also schmecken!

täglich 12-7 p.m.
325 E 14th St · East Village
L *1 Av*

Duck Duck

Duck Duck ist ein echter Locals Hangout. Das Happy Hour-Angebot umfasst 2-for-1-Deals für ausgewähltes Bier und für Standardgetränke. Und ja, einige Enten werdet ihr auch sehen!

täglich 4-8 p.m.
161 Montrose Ave · Williamsburg/Brooklyn
L *Montrose Av*

Freddy's Bar

Ein großes Bier und einen Hotdog für $6 – da solltet ihr zuschlagen! Aber auch ohne Happy Hour gibt es bei Freddy's Bar Bier & Co. zum kleinen Preis.

täglich 12-7 p.m.
627 5th Ave · Park Slope/Brooklyn
D N R W *Prospect Av*

Full Circle Bar

Diese Bar im hippen Williamsburg bietet während ihrer Happy Hours kostenlose Skeeball-Spiele an, ein beliebtes Arcade-Spiel in den USA. Um den besten Preis überhaupt zu ergattern, solltet ihr sonntags nach 11 p.m. vorbeischauen, denn dann kostet dort alles nur $4. Ein unglaublicher Preis für New York!

🍸 *sonntags 11 p.m. – 4 a.m. &*
donnerstags 5–8 p.m.
🍽 *318 Grand St · Williamsburg/Brooklyn*
Ⓖ *Metropolitan Av*

Hill Country Barbecue Market

Neben Texas-Style-BBQ und Live-Musik an Frei- sowie Samstagen könnt ihr euch hier an nicht nur einer, sondern zwei (!) Happy Hours täglich erfreuen. Hier gibt es etwas für jeden: Bier, Wein, Margaritas und die beliebten Jello Shots für z.B. $2.

🍸 *täglich 4–6 p.m. & ab 10 p.m. bis*
zur Schließung
🍽 *30 W 26th St · Flatiron District*
Ⓝ Ⓡ Ⓦ Ⓢ *28 St*

Jeremy's Ale House

Nur wenige Schritte von der Brooklyn Bridge entfernt bietet euch Jeremy's Ale House ganze 50% auf Standardgetränke und Bierkrüge für $4 während der Happy Hour. Wenn euch das nicht

genügt und ihr noch mehr sparen wollt, dann heißt es „Der frühe Vogel fängt den Wurm!", denn an Wochentagen gibt es hier von 8 bis 10 a.m. Bier im 32oz-Styroporbecher (ca. 0,95l) für unschlagbare $1,75. Prost!

🍸 *montags-freitags 4–6 p.m.*
🍽 *228 Front St · Lower Manhattan*
Ⓐ Ⓒ *Fulton St*

Keybar

Hier dürft ihr euch an einem 2-for-1-Angebot der besonderen Art erfreuen: Kauft euch während der Happy Hour einen Drink und bekommt einen Gutschein für ein gleichwertiges Getränk geschenkt. Diesen Gutschein müsst ihr nicht sofort einlösen, sondern wann immer ihr möchtet, solange das Ablaufdatum nicht überschritten ist.

🍸 *dienstags-freitags & sonntags 4–10 p.m.*
🍽 *432 E 13th St · East Village*
Ⓛ *1 Av*

Kingston Hall

Einmal zahlen – doppelt abstauben? Mit dem 2-for-1-Angebot von Kingston Hall ist das überhaupt kein Problem! Hier könnt ihr jeden Tag bis um 8 p.m. doppelt trinken.

🍸 *täglich 4–8 p.m.*
🍽 *149 2nd Ave · East Village*
Ⓐ Ⓒ *Astor Pl*

McSorley's Old Ale House

Um die Ecke befindet sich McSorley's, der vermeintlich älteste irische Pub in NYC. Jede Bestellung enthält gleich zwei Biere und kostet ca. $5. Der Preis und die Stimmung machen das McSorley's so berühmt. Eine Happy Hour ist hier gar nicht nötig!

15 E 7th St · East Village

Ⓐ Ⓑ *Astor Pl*

Off the Wagon

Für die, die es abwechslungsreich mögen, ist Off the Wagon ein Volltreffer. Jeden Tag steht hier ein anderes Special auf dem Kalender. Bier für $2, einen Krug für $10 oder einfach nur die Hälfte zahlen? Ihr sucht euch den Tag aus!

wochentags 2–8 p.m., samstags 12–9 p.m. & sonntags 12–8 p.m.

109 Macdougal St · Greenwich Village

❶ ❷ *Christopher St*

Reunion

Diese Surf-Bar bietet euch Strandatmosphäre, zu der ihr mit Bier oder anderen erfrischenden Getränken wie Frozen Mojitos den Tag ausklingen lassen könnt. Vieles gibt es hier schon für $4 bis 6.

täglich 5.30–8 p.m.

357 W 44th St · Hell's Kitchen

Ⓐ Ⓒ Ⓔ *42 St-Port Authority Bus Terminal*

Skinny Dennis Bar

Bei Skinny Dennis könnt ihr zwischen 18 Fassbiersorten und verschiedenen Signature Cocktails wählen. Neben dem preiswerten Angebot könnt ihr hier auch täglich Live-Country-Musik genießen.

täglich 12–7 p.m.

152 Metropolitan Ave · Williamsburg/Brooklyn

Ⓛ *Bedford Av*

The Cellar at Beecher's

Hier findet ihr tollen Wein und leckeren Käse in einem vermeintlichen Weinkeller. Es lohnt sich auf jeden Fall, während der Happy Hour vorbeizuschauen, um nicht zu tief in die Tasche greifen zu müssen.

täglich 3–7 p.m.

900 Broadway · Flatiron District

Ⓝ Ⓞ Ⓡ Ⓦ *E 23 St*

The Heights Bar & Grill

In dieser Tex-Mex-Bar gehört der Frozen Margarita zur Spezialität. Vieles gibt es während der zwei Happy Hours schon für $5. Mittwochs gibt es dann zu jedem bestellten Burger ein Bier vom Fass dazu.

täglich 4–7 p.m. & 11 p.m.–2 a.m.

2867 Broadway · Harlem

❶ *Cathedral Pkwy-110 St*

Turtle Bay Tavern

Wie klingt „Dollar Beer Wednesday" oder „$2 Tuesdays" in euren Ohren? Gut? Dann solltet ihr bei Turtle Bay Tavern vorbeischauen. Auch dort gibt es jeden Tag ein anderes und vor allem preiswertes Angebot.

♀ *täglich zu verschiedenen Zeiten, häufig 5–10 p.m.*

🍺 *987 2nd Ave · Midtown*

E **M** *Lexington Av-53 St*

The Mermaid Inn

Hier könnt ihr während der Happy Hours nicht nur Biere, Weine und Cocktails genießen, sondern auch leckere Austern für knapp über $1. Aufgrund seiner Beliebtheit hat das Mermaid mittlerweile drei Locations in New York. Ihr findet sie unter den Namen The Mermaid Inn und The Mermaid Oyster Bar.

♀ *täglich 5–7 p.m.*

🍺 *z.B. 570 Amsterdam Ave · Upper West Side*

1 **2** *86 St*

The Ten Bells

Es muss ja nicht immer Bier sein! The Ten Bells ist definitiv etwas für die Weinliebhaber unter euch. Während der Happy Hour gibt es eine Weinkaraffe für $15 und dazu Austern für $1.

♀ *täglich bis 7 p.m.*

🍺 *247 Broome St · Lower East Side*

F *Delancey St*

Bar in New York

ABC MEHR ÜBER DIESE SPOTS ERFAHREN: 💻 LNYC.DE/**01043**

ROOFTOP BARS

230 Fifth Rooftop Bar

Das 230 Fifth ist eine der beliebtesten Rooftop Bars in New York. Warum? Von dort aus habt ihr einen einmaligen Blick auf das ikonische Empire State Building! In der Wintersaison könnt ihr sogar in beheizten Iglus sitzen und eure Cocktails genießen. Zum Glück gibt es auch hier eine Happy Hour, damit ihr euren Geldbeutel schonen könnt!

🍸 montags-freitags 2-7 p.m.

🚇 230 5th Ave · Midtown

Ⓝ Ⓡ Ⓓ Ⓦ 28 St

Bar 13

Jeden Tag bietet euch Bar 13 eine andere Happy Hour. Zum Beispiel Bier für $4 oder Standardgetränke und Margaritas für je $6. Klingt ziemlich gut, oder?

🍸 häufig 3-8 p.m.

🚇 35 E 13th St · Greenwich Village

Ⓐ Ⓑ Ⓒ Ⓛ Ⓝ Ⓠ Ⓡ Ⓦ 14 St-Union Sq

McCarren Hotel and Pool

Auf dem Dach des Hotels erwartet euch eine moderne Rooftop Bar. Diese lässt sich zur sogenannten „Sunset Happy Hour" noch besser genießen!

🍸 täglich 5-7 p.m.

🚇 160 N 12th St · Williamsburg/Brooklyn

🕐 Bedford Av

Night of Joy

Night of Joy ist eine Bar mit gemütlicher Dachterrasse. Während der Happy Hour könnt ihr Cocktails und Biere in toller Atmosphäre genießen – und das für nur $4 bis 6.

🍸 täglich 5-8 p.m.

🚇 667 Lorimer St · Williamsburg/Brooklyn

🕐 Lorimer St

Our Wicked Lady

Die Bar ist umgeben von Künstlerateliers und Musikprobenräumen. Daher werdet ihr hier auch immer öfter Live-Musik miterleben. Dazu gibt es eine fabelhafte Happy Hour.

🍸 montags-freitags 5-8 p.m. & sonntags ganztägig

🚇 153 Morgan Ave · East Williamsburg/Brooklyn

🕐 Morgan Av

Penthouse 808 Rooftop Bar & Lounge

Hier kosten Cocktails normalerweise $14. Dank der Happy Hour wird dieser Preis jedoch auf die Hälfte reduziert. Auch der Preis für ein Bier lässt sich während der Happy Hour gut aushalten.

🍸 donnerstags & freitags 5-7 p.m.

🚇 8-08 Queens Plaza S · Long Island City/Queens

Ⓕ 21 St-Queensbridge

Plunge Lounge & Rooftop Bar

Plunge punktet mit seiner 360 Grad-Rundumsicht. Dazu gibt es noch eine tolle Auswahl an leckeren Cocktails und Snacks. Damit ihr nicht euer ganzes Reisegeld ausgeben müsst, gibt es auch hier eine Happy Hour!

täglich 5–7 p.m.
18 9th Ave · Meatpacking District
Ⓐ Ⓒ Ⓔ Ⓛ 14 St/8 Av

Rooftop 93

Schick muss nicht immer teuer sein. Von hier aus habt ihr eine tolle Aussicht auf Midtown Manhattan mit dem Empire State Building *und* Downtown Manhattan mit dem One World Trade Center. Bei Rooftop 93 geht das auch mit kleinem Budget!

täglich 5–8 p.m.
93 Bowery · Chinatown
Ⓑ Ⓓ Grand St

Sky Room

120 Meter über dem Boden befindet sich Sky Room, Manhattans höchste Dachterrasse. Bier, Wein und andere Standardgetränke fallen mit der Happy Hour in einen sehr fairen Bereich (ca. $5 bis 7).

wochentags 5–7 p.m.
330 W 40th St · Midtown
Ⓐ Ⓒ Ⓔ 42 St-Port Authority Bus Terminal

Tavern 29

Tavern 29 ist eine Kneipe, dessen Dach zu einem amerikanischen Biergarten umfunktioniert wurde. Hier findet ihr sicherlich etwas, das euch schmeckt: Wählt zwischen Bier, Wein, Scotch, Whiskey und leckeren Häppchen. Übrigens gibt es bei Tavern 29 auch gleich zwei Happy Hours!

täglich 11 a.m.–7 p.m. & 11 p.m.–2 a.m.
47 E 29th St · Midtown
Ⓐ Ⓖ 28 St

Rooftop Bar Night of Joy

ABC MEHR ÜBER DIESE SPOTS ERFAHREN: 🖥 LNYC.DE/01044

Shoppen und NYC gehören einfach zusammen. Wenn ihr in den USA einkaufen geht, werdet ihr sehen, dass Preise oft netto aus- geschrieben sind.

An der Kasse kommt dann meist noch eine Steuer hinzu. Für viele Erstbesucher ist dies eine böse Überraschung. Jedoch haben wir großartige Nachrichten für alle Shopping-Verrückten unter euch:

Bekleidung und Schuhe unter $110 pro Artikel sind im Big Apple von der Umsatzsteuer befreit. Ist ein Artikel teurer, so zahlt ihr mehr als 8% Umsatzsteuer, die sich aus NYC Sales Tax und NY State Sales Tax zusammensetzt. In New Jersey hingegen wird bei Kleidung und Schuhen komplett auf die Umsatzsteuer verzichtet. Doch selbst wenn ihr in New York bleiben wollt, muss es nicht immer zwingend die 5th Avenue sein! Es gibt jede Menge Shops, Flohmärkte und Se- condhand-Läden, bei denen ihr erstklassig einkaufen gehen könnt, ohne ein Vermögen auszugeben!

Outlet Store

OUTLETS

Woodbury Common Premium Outlet Center

Dass das Woodbury Common Outlet ein Paradies für Schnäppchenjäger ist, ist den meisten bereits bekannt. Wie kommt ihr jedoch am günstigsten dort hin?

In vielen Pässen ist die Fahrt bereits inklusive. Dort müsst ihr euch nur noch für die Tour anmelden. Das geht überwiegend telefonisch. Wenn ihr Glück habt, könnt ihr obendrauf noch einmal extra sparen: Der Anbieter Groupon verkauft momentan einen vergünstigten Round Trip für $25. Wenn ihr Groupons verwendet (egal ob für Restaurants oder Aktivitäten), solltet ihr immer auf das Kleingedruckte achten, da es dort manchmal Einschränkungen gibt. Das Groupon-Ticket kann am Port Authority Bus Terminal eingelöst werden und euch stehen mehrere Busse am Tag zur Verfügung.

→ *groupon.com/deals/shortline-coach-usa*
498 Red Apple Ct · New York State

 MEHR ÜBER DIESE SPOTS ERFAHREN: LNYC.DE/**01045**

SALE -50%

Sparen beim Shopping

The Mills at Jersey Gardens Outlet

Wie bereits erwähnt, lohnt sich das Shoppen in New Jersey allein wegen des Umsatzsteuer-Vorteils. Doch auch dort gibt es ein tolles Outlet, das nicht zu weit von der City entfernt ist: The Mills at Jersey Gardens Outlet in Elizabeth, NJ. Es ist eines der beliebtesten Outlets in der New York City Area und unser persönlicher Favorit. Dort findet ihr Adidas, Nike, Victoria's Secret und viele andere bekannte Marken. Am besten nehmt ihr den **Bus 111** vom *Port Authority Bus Terminal* nach **Jersey Gardens** und **Ikea**. Dort fahrt ihr bis zur zweiten Station *Elizabeth Jersey Gardens-Main Entrance*. Die Einzelfahrt dauert um die 40 Minuten und kostet pro Person ca. $7. Busse fahren mehrmals in der Stunde. Alternativ könnt ihr den **Bus 115** vom *Port Authority Terminal* Richtung **Rahway/Avenel** nehmen. Dort ist das Outlet die nächste Station, allerdings fährt der Bus mit weniger Regelmäßigkeit als die Nummer 111 und an Sonntagen gar nicht.

SABRINAS TIPP

Ich empfehle euch, an der Rezeption nach einem kostenlosen Couponheft zu fragen. Zeigt dafür euren Reisepass vor, denn normalerweise kosten die Couponhefte $5.

651 Kapkowski Rd · New Jersey

COUPONS & RABATTE

Die USA – das Land der Coupons

Besonders wenn es um Lebensmittel geht, lassen sich viele Amerikaner keine Rabatte entgehen. Auch beim Shoppen könnt ihr immer wieder durch Coupons profitieren. Gebt ihr bei Google einen bestimmten Laden und das Wort „Coupon" ein, so werdet ihr oft fündig und könnt euch teilweise an 20%-Rabatten erfreuen.

> *INSIDER-TIPP* Achtet bei den Coupons unbedingt auf das Kleingedruckte, denn einige Coupons sind z.B. nur online einlösbar oder schließen gewisse Marken aus.

Wichtig ist es, dass ihr den Coupon vorzeigt, gerne auch auf dem Handy. Meistens gibt es dazu einen Code, nach dem gefragt wird. Coupons, die ihr häufig findet, gelten für **Express** ⬧ z.B. 584 Broadway · SoHo, **Macy's** ⬧ z.B. 151 W 34th St · Midtown, **Famous Footwear** ⬧ z.B. 50 W 14th St · Gramercy Pk, **JC Penney** ⬧ z.B. 100 W 32nd St · Midtown, **Target** ⬧ z.B. 255 Greenwich St · Tribeca u.v.a.m.

Bei einigen Shops gibt es auch für eine Newsletter-Anmeldung einen einmaligen Rabatt. Schaut einfach auf der jeweiligen offiziellen Website nach.

Touristen-Discounts

Einige Läden, unter anderem Macy's, bieten besondere Sales und Spar-Pässe an. Zum Beispiel gibt es dort immer wieder „VIP Sales" oder Spar-Pässe für besondere Anlässe und Feiertage. Den sogenannten „Visitor Savings Pass" gibt es jederzeit. Dieser verspricht euch eine Ersparnis von 10% (in-store only), wenn ihr das Angebot vorzeigt, egal ob ausgedruckt oder ganz bequem auf dem Handy. Ihr müsst euch dabei mit eurem Reisepass ausweisen. Auch hier solltet ihr auf eventuelle Einschränkungen achten, denn nicht alle Marken sind eingeschlossen.

→ visitmacysusa.com/visitor-savings

SOUVENIRS

Wenn ihr nach günstigen Souvenirs sucht, empfehlen wir euch, in China-town zu schauen, denn dort ist so gut wie alles preiswerter als in Midtown.

Ihr werdet an vielen verschiedenen Shops vorbeigehen. Vergleicht die Prei-se, bevor ihr kauft, denn sie können etwas unterschiedlich sein. Besonders die Mott Street ist beliebt.

Chinatown Souvenirs

SHOPS & MALLS

TJ Maxx – Designerware zum Schnäppchenpreis

Bei TJ Maxx (bekannt als TK Maxx in Europa) könnt ihr vergünstigte Marken-produkte kaufen – egal ob Kleidung, Schuhe, Kosmetik, Dekoration oder anderen Schnickschnack. In Manhattan gibt es insgesamt vier Standorte. TJ Maxx ist außerdem das Schwesterunternehmen von **Marshalls**, wo ihr ebenfalls günstig shoppen gehen könnt.

⚓ *z.B. 620 6th Ave · div. Locations*

❶ ❷ *18 St*

Century 21 – eins der besten Kaufhäuser in New York

Century 21 ist eine Kaufhauskette mit mehreren Locations in New York. Unser Favorit ist das Kaufhaus direkt am Ground Zero. Der riesige Laden reicht über stolze sechs Etagen. Was ihr dort kaufen könnt? Die bekanntesten Labels zu unfassbar günstigen Preisen. Preisreduzierungen von bis zu 80% sind hier nämlich keine Seltenheit, sogar bei Marken wie Prada und Lacoste.

⚓ *z.B. 22 Cortlandt St · Lower Manhattan*

Ⓝ Ⓡ Ⓦ *Cortlandt St*

Westfield Garden State Plaza Mall – die größte Shopping Mall New Jerseys

Hier werdet ihr sicherlich fündig! Die Garden State Mall bietet nämlich die größte Auswahl an Shops in der Gegend. Auch wenn es sich nicht um ein Outlet handelt, gibt es hier oft super Schnäppchen. Nehmt den **Bus 163** vom *Port Authority Terminal* zu der Station *Garden State Plaza*. Die Fahrt dauert gute 45 Minuten und eine einfache Fahrt kostet aktuell nur $4,50.

⚓ *One Garden State Plaza Blvd · New Jersey*

Nordstrom Rack – das günstige Nordstrom

Dank des Erfolges des Ladens am Union Square eröffnete im Oktober 2017 ein weiterer Nordstrom Rack-Standort in Manhattan und zwar am Herald Square. Dort findet ihr Kleidung der Marken Diesel, Vince, Theory, Diane Von Fürstenberg und etliche Accessoires zum kleinen Preis.

⚓ *z.B. 60 E 14th St · div. Locations*

❹ ❺ ❻ Ⓛ Ⓝ Ⓠ Ⓡ Ⓦ *14 St-Union Sq*

ABC MEHR ÜBER DIESE SPOTS ERFAHREN:  LNYC.DE/**01047**

FLOHMÄRKTE, VINTAGE & SECONDHAND-SHOPS

In New York gibt es eine Vielzahl an Flohmärkten. New Yorker Wohnungen sind oft klein und Locals wollen immer mal wieder ihre Sachen loswerden. Zu den beliebtesten Flohmärkten in New York zählen der Chelsea Flea Market ⇨ 39 W 25th St · Chelsea, Brooklyn Flea ⇨ 80 Pearl St, Hell's Kitchen Flea Market ⇨ 408-424 W 39th St · Hell's Kitchen und der Grand Bazaar ⇨ 6902, 100 W 77th St · Upper West Side. Dort findet ihr allerlei Vintage-Sachen, Schmuck, Möbel, Antiquitäten, Deko und vieles mehr. Flohmärkte in New York sind ohne Zweifel ein Paradies für Sparfüchse!

INSIDER-TIPP *Früh da sein lohnt sich!*

Buffalo Exchange

Buffalo Exchange ist ein angesagter Thrift Store, den ihr insgesamt fünfmal in New York findet werdet. Dort gibt es allerlei Vintage-Klamotten, aber auch Designerware von einheimischen Designern. Ihr könnt also tolle Unikate kaufen. Wenn ihr die besten Schnäppchen abstauben wollt, lohnt es sich, vor Ladenöffnung hier zu sein. Unsere Favoriten sind die Locations in Chelsea und Williamsburg.

→ *buffaloexchange.com/locations/ new-york-city*
⇨ *z.B. 114 W 26th St · div. Locations*
🄝 🄞 🄡 🄦 *28 St*

AuH20

Hinter diesem cleveren Namen verbirgt sich der Nachname der Inhaberin (Au=Gold und H_2O=Water)! In Kate Goldwaters Thrift Store findet ihr den Großteil der Kleidungsartikel schon für unter $25. Dazu gibt es dauerhaft Kleiderständer und Regale mit Artikeln für $5 bzw. $10.

→ *auh2oshop.com*
⇨ *84 E 7th St · East Village*
🕒 *1 Av*

Beacon's Closet

Bei Beacon's Closet findet ihr große Mengen an Vintage- und moderner Kleidung. Converse- oder Nike-Schuhe für $24,95 sind hier keine Seltenheit! Beacon's Closet verfügt sogar über einen Onlineshop, dank dem ihr schon einmal einen ersten Eindruck gewinnen

Flohmarkt

könnt. Den Laden gibt es dreimal in Brooklyn und einmal in Manhattan.

→ beaconscloset.com
⬦ z.B. 10 W 13th St · div. Locations
F **M** **L** 14 St/6 Av

Cure Thrift Shop
Dieser Gebrauchtwarenladen spendet einen Teil seiner Einnahmen, um die Diabetes-Forschung zu unterstützen. Was ihr dort finden werdet? Moderne Kleidungsstücke, Tassen, Schallplatten u.v.a.m.! Sparfüchse aufgepasst: Bei manchen Sales gibt es auf die niedrigen Preise oft sogar noch 50% obendrauf!

→ curethriftshop.com
⬦ 111 E 12th St · East Village
L 3 Av

Goodwill
Goodwill ist eine der bekanntesten Secondhand-Ketten in der Gegend. In New York gibt es gleich mehrere Filialen. Abgesehen von Kleidung, Schuhen und Taschen werdet ihr auch Kleinigkeiten sowie Geschirr und viel Kitsch sehen. Wenn ihr Glück habt, entdeckt ihr allerdings wahre Schätze!

→ goodwillnynj.org
⬦ z.B. 7 W 14th St · div. Locations
F **M** **L** 14 St/6 Av

KAPITEL 9

FAMILIEN

Ein Familienurlaub kann oft teuer werden, besonders wenn ihr Städte wie New York bereist. Zum Glück könnt ihr als Familie aber auch einige kostenlose Unternehmungen machen. Damit ihr eine bessere Idee davon habt, was ihr kosten- günstig unternehmen könnt oder wo ihr für eure Kinder erst gar nicht zur Kasse gebeten werdet, haben wir für euch tolle Tipps zusam- mengestellt.

Beachtet die Altersbeschränkungen!

SPIELPLÄTZE

Pier 6 Playground

In diesem öffentlichen Park findet ihr alles, was das Kinderherz begehrt. Ein riesiger Sandkasten (Sand Box), einen kleinen Wasserpark (Water Lab), Rutschen (Slide Mountain) und Schaukeln (Swing Valley). Bei gutem Wetter könnt ihr hier eine tolle Pause vom Sightseeing machen.

⚓ Brooklyn Bridge Park Greenway · Brooklyn Heights/Brooklyn

🟢4 🟢5 Borough Hall

Governors Island Playgrounds

Governors Island ist einer unserer absoluten Lieblingsorte. Die Insel eignet sich hervorragend für Familien, denn dort gibt es nicht nur tolle Spielplätze, sondern auch Veranstaltungen. An Wochenenden gibt es dort z.B. einen kostenlosen Kunstworkshop für Kinder, den „Free Art Island Outpost". Zu den Spielplätzen gehören Slide Hill (Rutsche), Hammock Grove Play Area (Klettern, Schaukeln) und die Play Fountains (Spielbrunnen). Noch ein Tipp: Ihr könnt eure Wasserflaschen an mehreren Stellen kostenlos auffüllen, z.B. bei der Liggett Terrace.

⚓ 10 South St (Abfahrt mit der Fähre) · Lower Manhattan

🔴1 South Ferry

Heckscher Playground

Der Heckscher Playground befindet sich im südlichen Teil des Central Parks und ist einer der meistbesuchten Spielplätze, auch weil er der größte des ganzen Parks ist. Es ist ein toller Ort für die Kleinen, um sich auszutoben, und ein toller Ort für die Großen, um sich im Central Park auszuruhen.

⚓ 65th St Transverse · Central Pk

🔵A 🟠D 59 St-Columbus Circle

Billy Johnson Playground

Der Billy Johnson Playground ist ein weiterer Spielplatz im Central Park. Er harmoniert perfekt mit seiner Umgebung und bietet eine totale Abenteuerzone, die aus natürlichen Materialien wie z.B. Holz gebaut wurde. Einige Rutschen sind sogar in Felsen integriert.

⚓ E 67th St · Central Pk

🟢4 🟢6 68 St

Imagination Playground

Der Imagination Playground in Lower Manhattan befindet sich direkt am South Street Seaport. Hier dürfen die Kleinen ihrer Kreativität freien Lauf lassen und ihren Spielplatz selbst gestalten, z.B. mit großen Schaumstoffblöcken.

⚓ Front St · Lower Manhattan

🟢2 🟢3 Wall St

Das sind lange noch nicht alle großartigen Spielplätze in New York!

Zu den besten gehören auch noch:

Bleecker Playground

⚲ *Bleecker & W 11th St · West Village*

① **②** *Christopher St*

Pier 1 Playground

⚲ *Furman St · DUMBO/Brooklyn*

① **②** **③** *Chambers St*

Gantry Plaza State Park Playground

⚲ *4-09 47th Rd · Long Island City/Queens*

❼ *Vernon Blvd-Jackson Av*

Rockefeller Park Playground

⚲ *75 Battery Pl · Tribeca*

① **②** **③** *Chambers St*

Pier 25 Playground

⚲ *227 West St · Tribeca*

① **②** *Franklin St*

Evelyn's Playground

⚲ *201 Park Ave S · Midtown*

④ **⑤** **⑥** **N** **Q** **R** **W** **L** *14 St-Union Sq*

Pier 51 Playground

⚲ *Hudson River Greenway · West Village*

A **E** **L** *14 St/8 Av*

ESSEN & TRINKEN MIT KINDERN

In einigen Restaurants dürfen die Kleinen kostenlos (oder so gut wie kostenlos!) mitessen. Diese Angebote gelten meist in Kombination mit dem Kauf eines Erwachsenen-Gerichts.

Brother Jimmy's

Mit dem Kauf eines Hauptgerichtes isst ein Kind bei dieser BBQ-Kette umsonst! Besonders wenn ihr euch in Midtown aufhaltet, lohnt sich ein Abstecher, denn Brother Jimmy's ist sehr nah an der *Penn Station* gelegen.

♀ *bis einschließlich 12 Jahre*

🍴 *z.B. 416 8th & 181 Lexington Ave · Midtown*

Ⓐ Ⓔ *34 St-Penn*

Jimmy Max

Jimmy Max auf Staten Island bietet „Children's Pizza Making" an. Dort wird Pizza frisch zubereitet und gegessen. Das Angebot gilt montags und dienstags von 5 bis 7.30 p.m. Ihr könnt per Telefon reservieren.

♀ *bis ca. 8 Jahre*

📞 *718-983-6715*

🍴 *280 Watchogue Rd · Staten Island*

❶ *South Ferry (Abfahrt der Staten Island Ferry ab Whitehall Terminal)*

Uncle Jack's Steakhouse

Hier essen Kinder sonntags umsonst, wenn sie von einem Erwachsenen begleitet werden. Dieses Angebot gilt ausschließlich für Abendessen.

♀ *bis einschließlich 12 Jahre*

🍴 *44 W 56th St & 440 9th Ave · Chelsea & Midtown*

🅕 *57 St*

Woodrow's

Sonntags ab 5 p.m. ist hier „Family Night". Was das heißt? Mit jedem Erwachsenengericht darf sich ein Kind etwas von dem Kindermenü aussuchen – kostenlos!

♀ *bis einschließlich 10 Jahre*

🍴 *43 Murray St · Tribeca*

Ⓐ Ⓒ *Chambers St*

IHOP

Bei IHOP gibt es Aktionen, bei denen es von 4 bis 10 p.m. je ein Kinder-Meal mit jedem gekauften Hauptgericht geschenkt gibt. Schaut auf der Website → *ihop.com* vorbei, um zu sehen, ob es eine Aktion während eurer Reise gibt.

🍴 *z.B. 235-237 E 14th St · div. Locations*

🄛 *3 Av*

ABC MEHR ÜBER DIESE SPOTS ERFAHREN: LNYC.DE/**01050**

AKTIVITÄTEN

Auf → *nycgovparks.org/events/kids* findet ihr einen Kalender mit vielen Aktivitäten, die für Kinder und Familien geeignet sind. Dort findet ihr u.a. Filme, Karussells, Bastelkurse und Workshops für das ganze Jahr. Der Großteil der NYC Parks-Programme und -Aktivitäten sind mit „Free!" gekennzeichnet.

$!

VERANSTALTUNGEN

Yankees Baseball Spiel

$!

Die MLB bietet „Youth Games"-Tickets für alle Kinder unter 14 Jahren zum halben Preis an. Die ausgewählten Sitzbereiche sind an Samstagen, Sonntagen und ausgewählten Wochentagen für Heimspiele um 1.05 p.m. verfügbar. Die Tickets gibt es nur vor Ort an den Ticketschaltern am Tag des Spiels. Es gilt: maximal zwei Tickets pro Erwachsenem. Mehr Infos gibt es auf: → *mlb.com/yankees/tickets/specials*.

⇔ *1 E 161st St · Bronx*

🅱 *161 St-Yankee Stadium*

Governors Island

Neben dem Free Art Island Outpost gibt es noch viele weitere kostenlose Events auf Governors Island. Ein Highlight ist zum Beispiel die jährlich stattfindende Kunstveranstaltung **Figment**. Dort wird gespielt, getanzt, gesungen und gelacht. Am besten überprüft ihr einfach auf → *govisland.com/calendar* welche tollen Events während eurer geplanten Reise stattfinden.

⇔ *10 South St (Abfahrt mit der Fähre) · Lower Manhattan*

❶ *South Ferry*

Governors Island im Sommer

BELIEBTE ATTRAKTIONEN

Viele Attraktionen sind für Kinder unter einem gewissen Alter kostenlos. Dies kann besonders wichtig sein, wenn ihr euch einen Sightseeing-Pass kaufen wollt. Schaut unbedingt auf den offiziellen Seiten der Attraktionen nach, ob eure Kinder überhaupt Eintritt bezahlen müssen. Wenn dem nicht so ist, dann müsst ihr die Attraktion bei eurer Passwahl nämlich erst gar nicht berücksichtigen! Die wichtigsten Attraktionen haben wir hier für euch aufgelistet.

American Museum of Natural History
⚲ *bis einschließlich 1 Jahre*
$ *hier gilt Pay What You Wish dauerhaft*

🏛 *Central Pk W & 79th St ·
Upper West Side*
Ⓐ Ⓒ Ⓑ *81 St-Museum of
Natural History*

Hop-on Hop-off Bustouren
Big Bus
⚲ *bis einschließlich 4 Jahre*

🏛 *712 7th Ave · Midtown
(Big Bus Welcome Center)*
Ⓝ Ⓠ Ⓡ Ⓦ *49 St*

Gray Line
⚲ *bis einschließlich 2 Jahre*

🏛 *777 8th Ave · Midtown
(Gray Line Visitor Center)*
Ⓝ Ⓠ Ⓡ Ⓦ *49 St*

Bronx Zoo
⚲ *bis einschließlich 2 Jahre*
$ *mittwochs generell umsonst*

🏛 *2300 Southern Blvd · Bronx*
Ⓑ Ⓔ *E 180 St*

Brooklyn Botanic Garden
⚲ *bis einschließlich 11 Jahre*
$ *an manchen Tagen generell
umsonst (→ Seite 72)*

🏛 *990 Washington Ave · Brooklyn*
Ⓑ Ⓒ Ⓓ Ⓕ *Franklin Av*

Empire State Building
🌡 *bis einschließlich 5 Jahre*

🚇 *20 W 34th St, zw. 5th & 6th Ave ·*
Midtown
B D F M N Q R W *34 St-Herald Sq*

Freiheitsstatue
🌡 *bis einschließlich 3 Jahre*

🚇 *1 Battery Pl (Abfahrt mit der*
Fähre) · Lower Manhattan
4 5 *Bowling Green*

Madame Tussauds
🌡 *bis einschließlich 2 Jahre*

🚇 *234 W 42nd St · Midtown*
1 2 3 *Times Sq-42 St*

MoMA
🌡 *bis einschließlich 16 Jahre*
$ *freitags von 4-8 p.m. generell umsonst*

🚇 *11 W 53rd St · Midtown*
E M *5 Av/53 St*

One World Observatory
🌡 *bis einschließlich 5 Jahre*

🚇 *285 Fulton St · Lower Manhattan*
E *Chambers St*

Top of the Rock
🌡 *bis einschließlich 5 Jahre*

🚇 *30 Rockefeller Plaza · Midtown*
E M *5Av/53 St*

Whitney Museum of American Art
🌡 *bis einschließlich 18 Jahre*
$ *freitags von 7-10 p.m. gilt*
Pay What You Wish

🚇 *99 Gansevoort St ·*
Meatpacking District
A C L *14 St/8 Av*

9/11 Memorial Museum
🌡 *bis einschließlich 6 Jahre*

🚇 *180 Greenwich St · Lower Manhattan*
N R W *Cortlandt St*

KAPITEL 10

STUDENTEN

Besonders als Student müsst ihr bekanntlich auf euer Budget achten. Vielerorts gibt es für euch Sonderrabatte! Da sich Angebote und Aktionen im Laufe der Zeit ändern können, überprüft den Stand unbedingt auf den offiziellen Websites.

VERANSTALTUNGEN

$!

Yankees Baseball Spiel

MLB bietet sogenannte „Student Games" zum halben Preis an. Für Heimspiele, die mittwochs stattfinden, gibt es für Studenten ganze 50% Rabatt. Die ausgewählten Tickets sind ausschließlich am selben Tag an den Ticketschaltern erhältlich. Alles was ihr dazu braucht, ist ein gültiger Studentenausweis. Mehr Infos gibt es auf: → mlb.com/yankees/tickets/specials.

🚇 1 E 161st St · Bronx

Ⓓ 161 St-Yankee Stadium

$!

Mets Baseball Spiel

Seid ihr Student und verfügt über eine „.edu"-Mailadresse (leider zählen keine anderen, auch wenn ihr Student seid), so könnt ihr ab 72 Stunden vor dem Spiel Online-Tickets für $10 ergattern. Dieses Angebot gilt nur für Heimspiele die montags bis freitags stattfinden. Mehr Infos gibt es auf: → mlb.com/mets/tickets/specials/student-rush.

🚇 123-01 Roosevelt Ave · Queens

❼ Mets-Willets Point

Metropolitan Opera

Hier könnt ihr am Tag der Aufführung ab 10 a.m. ermäßigte Tickets an der Kasse kaufen. Wieder gilt: nur mit gültigem Studentenausweis! Mehr dazu auf: → metopera.org/season/tickets/student-tickets.

🚇 30 Lincoln Center Plaza · Upper West Side

❶ ❷ 66 St-Lincoln Ctr

New York Philharmonic

Auf → nyphil.org/rush könnt ihr mit dem Code „RUSH" ordentlich sparen! Ticketpreise liegen teilweise über $100 – ihr bekommt sie für $18. Obendrauf kommt leider noch eine Gebühr von ca. $6. Diese fällt allerdings so oder so an.

🚇 10 Lincoln Ctr · Upper West Side

❶ ❷ 66 St-Lincoln Ctr

SHOPPING

Banana Republic

$!

Studenten (und Lehrer) können sich an 15% Rabatt auf vollwertige Artikel erfreuen. Um den Rabatt zu erhalten, zeigt ihr einfach euren gültigen Studentenausweis vor dem Kauf.

⊕ *z.B. 107 E 42nd St · div. Locations*

④⑤⑥❼ *Grand Central-42 St*

J-Crew

$!

Auch bei J-Crew bekommt ihr als Student einen Rabatt von 15% auf euren Einkauf. Diesen erhaltet ihr allerdings nur auf Nachfrage. Erkundigt euch also unbedingt vorher!

⊕ *z.B. 347 Madison Ave · div. Locations*

④⑤⑥❼ *Grand Central-42 St*

Citi Field Baseball Park

ABC MEHR ÜBER DIESE SPOTS ERFAHREN: 🖥 LNYC.DE/01053

BELIEBTE ATTRAKTIONEN

Wir haben für euch eine Übersicht der wichtigsten Attraktionen mit Rabatten zusammengestellt, damit ihr sehen könnt, wie viel ihr als Student sparen könnt. Zu beachten gilt dabei, dass ihr euren gültigen Studentenausweis vorlegen müsst. Ohne ihn bekommt ihr keinen Rabatt! Diese Preise solltet ihr unbedingt bei eurer Passwahl berücksichtigen.

Met
$ Normal: $25 | Student: $12
1000 5th Ave · Upper East Side
456 86 St

MoMA
$ Normal: $25 | Student: $14
11 W 53rd St · Midtown
E M 5 Av/53 St

Museum of Mathematics (MoMath)
$ Normal: $17 | Student: $11
11 E 26th St · Flatiron District
46 28 St

American Museum of Natural History
$ Normal: $23 | Student: $18
hier gilt Pay What You Wish dauerhaft
79th Central Pk W · Upper West Side
ACB 81 St-Museum of Natural History

Brooklyn Botanic Garden
$ Normal: $15 | Student: $8
an manchen Tagen generell umsonst (→ Seite 72)
990 Washington Ave · Brooklyn
2345 Frankling Av

Guggenheim Museum
$ Normal: $25 | Student: $18
1071 5th Ave · Upper East Side
456 86 St

MoMath

HUDSON RIVER

MIDTOWN MANHATTAN

12th Ave

11th Ave

12th Ave

Joe

W 41st St

W 42nd St

W 44th St

W 46th St

W 48th St

W 50th St

W 52nd St

W 56th St

W 58th St

W 36th St

W 38th St

HELL'S
KITCHEN

9th Ave

Lincoln
Center
Perform

CHELSEA

W 40th St

8th Ave

W 33rd St

W 35th St

W 34th St

W 37th St

W 43rd St

W 45th St

W 47th St

W 49th St

W 51st St

W 53rd St

W 55th St

W 57th St

Central Park S

W 19th St

W 21st St

W 25th St

W 27th St

5

Central

W 29th St

Rockefeller C

6

FLATIRON
DISTRICT

MIDTOWN

2

Madison
Square Park

1

3

Madison Ave

E 21st St

Park Ave S

E 31st St

E 36th St

E 38th St

E 40th St

E 41st St

4

E 48th St

E 50th St

E 52nd St

Park Ave

E 62nd St

E 63rd St

Lexington Ave

E 22nd St

E 23rd St

E 24th St

E 26th St

E 33rd St

E 42nd St

E 43rd St

E 44th St

E 45th St

E 47th St

3rd Ave

s St

E 25th St

E 34th St

2nd Ave

2nd Ave

1st Ave

MANHATTAN

E 20th St

FDR Dr

Yc

EAST RIVER

ROOSEVELT
ISLAND

LONG
ISLAND CITY

QUEENS

2nd St

48th Ave

50th Ave

9th St

10th St

46th St

11th St

21st St

44

Mapbox

LOWER MANHATTAN

KARTEN

Freedom Way

Freedom Way

Ellis Island

NEW JERSEY

Warren S
Wa

Essex St
Grand St
Hu

S End Ave
Nat

Battery Park

New St

LOWER
MANHATTAN

Willia

Water St

South St

Hugh L. Carey Tunnel

N Craig Rd

Colonels Row

S Craig Rd

GOVERNORS
ISLAND

South Battery

Furman St

Willow St

BROOKLY
HEIGHTS

Henry St

Brooklyn-Queens Expy

Columbia St

Montague St

Remsen St

Joralemon St

Coffey St

Dikeman St

Wolcott St

King St

Verona St

1st Pl

Richards St

Beard St

Dwight St

Hicks St

Kane St

Baltic St

Degraw St

President St

Carroll St

Clinton St

2nd Pl

Atlantic Ave

Court St

BROOKLYN

Bay St

Mapbox

HUDSON RIVER

KARTEN

Washington Blvd

Holland Tunnel

Sinatra Dr

River

MEATPACKING
DISTRICT

West St

11th Ave

10th Ave

W 16th St

12

Washington St

Greenwich St

Bleecker St

W 4th St

7th Ave S

Morton St

W 18th St

W 11th St

W 13th St

W 14th St

W 15th St

W 17th St

W 19th St

W 21st St

TRIBECA

Hudson St

Spring St

King St

GREENWICH
VILLAGE

6th Ave

Warren St

Varick St

6th Ave

W Broadway

W Broadway

Washington
Square Park

5th Ave

13

Ma
Squa

SOHO

Greene St

Mercer St

E 9th St

E 11th St

Broadway

4th Ave

GRAMERCY
PARK

E 23rd St

E 22nd St

Grand St

Crosby St

Lafayette St

Irving Pl

NOLITA

Mott St

MANHATTAN

E 4th St

3rd Ave

E 17th St

2nd Ave

E 21st St

E 20th St

Canal St

LITTLE
ITALY

Bowery

Chrystle St

E Houston St

E 5th St

1st Ave

St Mark's Pl

E 13th St

FDR Dr

CHINATOWN

Allen St

E 2nd St

EAST
VILLAGE

Avenue A

Avenue B

son St

Cherry St

Pike St

Essex St

Essex St

Stanton St

E 3rd St

Avenue C

FDR Dr

Madison St

E Broadway

Broome St

Ridge St

Pitt St

Avenue D

ge lower level

South St

South St

LOWER EAST
SIDE

Delancey St

FDR Dr

EAST RIVER

0

1KM

N

© MAPBOX, © OPENSTREETMAP

New York City Subway

with bus and railroad connections

Key

The subway operates 24 hours a day, but not all lines operate at all times. Call our Travel Information Center at 511 for more information in English or Spanish (24 hours) or ask an agent for help in all other languages (6AM to 10PM).

visit www.mta.info

To show service more clearly, geography on this map has been modified.

Rush hour line extension

Accessible station

Station Name

Bus or AIRTRAIN to airport

Police

Full time service

Part time service

Terminal

Local service only

All trains stop (local and express service)

Free subway transfer

Free out-of-system subway transfer (excluding single-ride ticket)

Bus to airport

Commuter rail service

This map depicts weekday service.
On weekends and late nights, these routes change:

Weekends

B	M	N	W	5
No service— use D F Q	Delancey St– Essex St– Metropolitan Av	Local in Manhattan, via Manhattan Bridge	No service— use N R	Dyre Av– Bowling Green

Late nights (midnight to 6am, daily)

A	B	C	D	F	M	S 42 St
Local, 207 St– Far Rockaway, Euclid Av–Lefferts Blvd Shuttle	No service— use D	Local service	No service— use A B Q	Local in Brooklyn	Myrtle Av– Metropolitan Av Shuttle	No service— use S

N	Q	R	W	2	3	4	5
Local, via Financial District	Local service	Whitehall St– 95 St	No service— use N	Local service	148 St– Times Sq/42 St	Local, Woodlawn– New Lots Av Skips Hoyt St	Dyre Av–E180 St Shuttle

© 2018 Metropolitan Transportation Authority

May 2018

QUEENS

Flushing Main St — 7
Mets–Willets Point — 7 · Q48 LGA Airport
111 St — 7 · Q48 LGA Airport
103 St–Corona Plaza — 7
Junction Blvd — 7 · Q72 LGA Airport
90 St–Elmhurst Av — 7

Jamaica 179 St — F
169 St — F
Parsons Blvd — F
Sutphin Blvd — F
Jamaica Center Parsons/Archer — E J Z
Sutphin Blvd Archer Av JFK Airport — E J Z·LIRR

Grand Av Newtown
Woodhaven Blvd
63 Dr–Rego Park
67 Av
Forest Hills 71 Av — E F M R
75 Av
Kew Gardens Union Tpke
Briarwood
Van Wyck

E F M R

121 St
111 St
104 St J Z
Woodhaven Blvd J·Z
85 St–Forest Pkwy
75 St–Elderts Ln
Cypress Hills
Crescent St
Norwood Av
Cleveland St
Van Siclen Av
Euclid Av — A C

Ozone Park Lefferts Blvd — A
111 St — A
104 St — A
Rockaway Blvd — A
88 St — A
80 St — A
Grant Av — A
Aqueduct North Conduit Av — A
Aqueduct Racetrack — A

Middle Village Metropolitan Av — M
Fresh Pond Rd
Forest Av
Seneca Av
Myrtle Av — L M
Wyckoff Avs — L M
Knickerbocker Av
Halsey St
Wilson Av

7

© 2018 METROPOLITAN TRANSPORTATION AUTHORITY. USED WITH PERMISSION.

Index kategorisch

Index alphabetisch

Bildnachweis

Titel	**1**
© Fancycrave/Unsplash	
Reiseplanung	**10**
© Jon Tyson/Unsplash	
Landkarte	**12/13**
© Tish11/Shutterstock	
Unterwegs in NYC	**20**
© Alexander Redl/Unsplash	
Sightseeing	**28/29**
© Aaron Burson/Unsplash	
Attraktionen	**30**
© Fancycrave/Unsplash	
Times Square	**39**
© David Alacaraz/Unsplash	
Museen	**46**
© Meriç Dağlı/Unsplash	
Museum of Modern Art	**50**
© 2011 Elk Studios LLC/Presse	
Federal Hall	**63**
© 2013 Marco Rubino/	
Dollar Photo Club	
Touren	**75**
© Dmitry Zimin/Shutterstock	
Staten Island Ferry	**77**
© deberarr/Dollar Photo Club	
New York Water Taxi	**78**
© tonisalado/Adobe Stock	
Sicht auf die Manhattan	**81**
Bridge aus DUMBO	
© Syuji Honda/Dollar Photo Club	
Veranstaltungen	**84/85**
© Bohbeh/Shutterstock	
Central Park	**88**
© AlexQ/Adobe Stock	
Budget-Tipps	**98/99**
© Michael Longmire/Unsplash	
Essen & Trinken	**112/113**
© Brock DuPont/Unsplash	
Essen	**114**
© futuristman/Shutterstock	
Bagels zum Frühstück	**117**
© 2016 Steve Curkov/	
Adobe Stock	
Leckere Waffeln von	**128/129**
Wafels & Dinges	
© Wafels & Dinges/Presse	
Wafels & Dinges Food Truck	**129**
© Wafels & Dinges/Presse	
Trinken	**136**
© Fotofermer/Shutterstock	
Rooftop Bar Night of Joy	**143**
© Jammi York Photography/Presse	
Shopping	**144/145**
© Andrej Lišakov/Unsplash	
Outlet Store	**147**
© Bjoern Wylezich/Adobe Stock	
Sparen beim Shopping	**148**
© sergeyklopotov/Adobe Stock	
Flohmarkt	**153**
© anastasianess/Adobe Stock	
Familien	**154**
© Marcio Jose Bastos Silca/	
Shutterstock	
Pizza Slices	**159**
© arfo/Dollar Photo Club	
Studenten	**164**
© Nirat.pix/Shutterstock	
Citi Field Baseball Park	**167**
© vacant/Adobe Stock	
MoMath	**169**
© The National Museum of	
Mathematics	
Loving London Titel	**186**
© Mark Yuill/Adobe Stock	

Danke

Ohne unser großartiges Team (ihr seid die Besten!) wäre dieser Low Budget-Reiseführer niemals entstanden. Ein besonderer Dank gilt Maureen, die viele Bereiche nicht nur selbst geschrieben, sondern auch mit ihrer Erfahrung als Local dafür gesorgt hat, dass unsere Leser echte New York-Insider-Informationen bekommen. Danke auch für deine Nerven, unsere unzähligen Ideen zu einem sinnvollen Reiseführer zu strukturieren.

Wir sind sehr stolz auf die vielen großartigen Fotos in unserem neuen Reiseführer. Angefangen von den Attraktionen bis hin zu den vielen kleinen Spots, die New York für uns so liebenswert machen. Unser Fotograf vor Ort in New York hat da wirklich großartige Arbeit geleistet. Thank you Selwyn for your amazing shots! Auch bei Franziska wollen wir uns herzlich für mehrere Bilder in diesem Reiseführer bedanken.

Dass der Reiseführer auch mit unserem Reiseplaner myNY Hand in Hand geht, liegt an Silke, Till, Steffen und Nicolas – unser Team in Hamburg – danke für euren Einsatz. Moritz, danke für deinen Einsatz bei der Gestaltung der Karte. Sie ist, wie auch schon im letzten Reiseführer, wirklich klasse geworden. Danke auch an Isabelle, die dafür gesorgt hat, dass unser Zeitplan eingehalten wurde, und auch dieses mal wieder an die vielen kleinen Dinge gedacht hat, die für ein gelungenes Zusammenspiel von Reiseführer und Technik nötig sind.

Für das Design haben die kreativen Ideen von Boris und von Sherpa Design gesorgt. Es war sehr spannend, den Weg von den ersten Entwürfen bis zum finalen Produkt zu beschreiten. Danke für euren Einsatz!

Zu guter Letzt möchten wir uns bei Julin für das Lektorat innerhalb kürzester Zeit bedanken.

Wenn wir jemanden vergessen haben sollten, den bitten wir, uns das nachzusehen!

Vielen lieben Dank!
Steffen, Sabrina & Tino

Abkürzungen

Ave, Av	Avenue
Blvd	Boulevard
Ctr	Center
div.	diverse
E	East
N	North
Pk	Park
Pkwy	Parkway
Pl	Place
S	South
St.	Saint
St	Street
Sq	Square
V.i.S.d.P.	Verantwortlich im Sinne des Presserechts
W	West
zw.	zwischen
$	Preis
☆	Happy Hour
♿	Führung
⚥	Atersbeschränkung
☎	Telefonkontakt
→	Verweis
⌂	Adresse

Hinweis

Die Angaben in diesem Reiseführer wurden mit größtmöglicher Sorgfalt geprüft. Gleichwohl nach dem Produkthaftungsrecht betont werden muss, dass inhaltliche sowie sachliche Fehler nicht auszuschließen sind. Daher erfolgen alle Angaben ohne Garantie der Autoren. Die Autoren übernehmen keine Verantwortung und Haftung für inhaltliche sowie sachliche Fehler. Wir haben aber natürlich alles daran gesetzt, euch richtige und aktuelle Informationen mit auf die Reise nach New York zu geben.

WIE HAT DIR DER REISEFÜHRER GEFALLEN?

Wie du weißt, ist Loving New York unser absolutes Herzensprojekt. Ganz ohne Verlag „im Rücken" ist es für uns sehr spannend, andere New York-Begeisterte überhaupt zu erreichen. Da kommst du ins Spiel, denn dafür brauchen wir deine Unterstützung.

Wir würden uns riesig über deine Bewertung freuen!
→ lovingnewyork.de/danke

NEXT STOP:

New York hat dir gefallen? Awesome, dann haben wir gute Neuigkeiten für dich: Wir bereiten gerade deine nächste Reise vor. Erfahre mehr über unseren London-Reiseführer auf:

→ lovinglondon.de/reisefuehrer